服装探秘◎著

服装旺店的秘密

升级版

同行永远不会讲的经营诀窍

北京联合出版公司
Beijing United Publishing Co.,Ltd.

图书在版编目（CIP）数据

服装旺店的秘密：升级版 / 服装探秘著 .—北京：北京联合出版公司，2015.4（2018.7重印）

ISBN 978-7-5502-4976-9

Ⅰ.①服… Ⅱ.①服… Ⅲ.①服装—商店—商业经营 Ⅳ.① F717.5

中国版本图书馆 CIP 数据核字（2015）第 062773 号

服装旺店的秘密：升级版
作　　者：服装探秘
选题策划：北京博雅广华文化传媒有限公司
责任编辑：管　文
特约编辑：李淼淼
封面设计：李尘工作室

北京联合出版公司出版
（北京市西城区德外大街 83 号楼 9 层　100088）
北京晨旭印刷厂印刷　　新华书店经销
字数 240 千字　　787 毫米 ×1092 毫米　　1 / 16　　15 印张
2015 年 4 月第 1 版　　2018 年 7 月第 2 次印刷
ISBN 978-7-5502-4976-9
定价：48.00 元

未经许可，不得以任何方式复制或抄袭本书之部分或全部内容

版权所有，侵权必究

本书若有质量问题，请与本公司图书销售中心联系调换。电话：010－82894445

目录
CONTENTS

第三章 进货 生意精的成长路

第四章 销售 各显神通卖服装

第五章 淡季 任何时候都要利润最大化

第六章 压货 学会控制才有利润

第七章 经营 服装小店也能做成大事业

前　言

为什么要撰写本书?

因为无数店主都碰到这样一个问题：做服装生意比以前艰难了很多!

如果回答："为什么别人做得很轻松？为什么别人赚了很多钱？别总埋怨市场，多从自己身上找原因！"这无非是简单粗暴的专家式说法。

与以前相比，服装生意究竟是难做还是好做，其实是无解的，每个店主心中都有自己的一杆秤。但讨论这样的话题也并非没有意义，至少不同观点的碰撞可以给人带来更多的思想火花。

以前，不少店主无论酷暑还是严冬，都要长途跋涉，亲自到人挤人的批发市场进货，不仅要忍受档口小妹的白眼，还得像个搬运工似的扛大包小包。开网店的更惨，得先拿货压着，想先到市场拍照，等接到单子再拿货，门儿都没有!

现在有的店主，你要他干这些活儿，他宁愿不入这行。服装行业，哪怕是开店的，多少都跟时尚沾边，干吗要去做“时尚农民”呢？

倘若要说惨，货品同质化严重、导购员难招、老板帮房东打工、实体店受到电商冲击、电商流量昂贵……要多惨有多惨。

可都往惨里说，那就是负能量，这生意简直没办法做。你不做，也挡不住别人来做。很多人不甘于加盟品牌、入驻商场而任人摆布，要创立自己的微品牌；很多人不屑于死守一个店铺，要做立体式经营，开一个店赚几个店的钱；很多人不纠结于开实体店还是网店，无店铺经营一样卖衣服赚钱。他们不会以过往的思路、过往的方式进入这个传统行业。

以前讨论电商能否取代实体店，现在想起来是无聊加无趣。O2O背景下，“最终胜出的是实体店”“线上线下不分”的论调又开始泛滥。不念过往，不畏将来。我们进入了一个新时代，这是无法逃避、必须面对的事实。云市场、云货源、合伙人时代已经渗透进我们的一亩三分地；互联网的浪潮一波接着一波，推动着市场、模式不断变化，这是一次机会。立足服装生意的根本，拥抱变化，就能拥抱一个时代。

现在的货源平台、渠道呈多样化，按按鼠标，玩玩手机，融入某个圈子，一样可以解决进货问题。即使是远离一线市场的东北、西北、西南地区，款式都可以做到同步；手机下单，快递送货，库存也因此大为减少。

开网店，最初级的，有网货市场和一件代发，供货、供图片、供数据包，零库存，满足了更多人低成本创业的需求。当然，要想生意更上一个台阶，那就另当别论了。

服装生意是一项系统的工程，选址定位、进货组货、陈列搭配、宣传销售、购物体验、客户管理等，不是单单解决某一个环节就能赢利和发展的。本书围绕服装旺店的系统工程，将众多案例汇到一起对比，将不同的经营理念放到一起碰撞，希望在未来的几年里都能给店主创造价值。

本书的出版，感谢顾鹰、罗勋、李忠良、李洋、熊杰、孙新红、何杰、余银英、侯彦平、李韶文、王福顺、郑建生、刘剑波、白维、李玲、赵建丰、尹辉等，感谢接受问卷调查的62位店主，感谢服装创业商学院的学员，感谢这几年来与我交流过的数千位店主。

| 第一章 |

方向比赚钱更重要

1

进入服装业前做好哪些准备，才有赚钱的可能？

我之前想代理一个服装品牌，进驻商场。考察了一些品牌，折扣基本上是带税3.9～4.5折，换货率最高的是30%，商场扣点20%左右，自己还要支付营业员工资和水电费，感觉划不来，可是在外面又没有特别合适的店面……

有的朋友说，选好一个牌子，进驻商场后你起码不会亏本。

感觉180～350元的夏装裙子、100～200元的T恤比较好卖。可是时尚点的牌子，吊牌价格都高于这个范围，超出大部分人的消费能力。进驻商场的话，真不知道代理什么牌子比较好。

我这里是沿江的中小型城市，消费水平不高，大部分公务员工资在2500元左右。如果开街店，还是自己拿货然后贴牌比较好。

我最初的想法是，找个店面，自己进货，贴自己的牌子，然后按照品牌的模式销售。我甚至还写了一份计划书，包括怎么打折、如何做前期推广、如何进行店员培训等。可是找了好几个月，都找不到一个合适的店面。

我们这边，20平方米左右、比较好的店铺，转让费都在8万元以上。有个稍微偏一点的店铺，60平方米，转让费6万元。偏一点的店铺，人流量不够，往往还没等做起来就倒了。这个店铺在市内最繁华的那条街的最末端，人们大多不想往里走。

最近那边要拆迁，建一个大型的购物广场，3年后建成开业，人气就会旺起来，到时租金、转让费等将不可同日而语。现在做嘛，得有3年时间不赚钱。

服装生意说是暴利，但都有谁赚了钱呢？最近我考察了一些地方，问了很多做服装生意的人，他们都说一样的话：不要做服装，累，不赚钱，淡季能急死人！服装的暴利是不是主要积聚在中间流通环节了？最末端的零售商是不是风险最大？

卖衣服要想零售赚钱，就卖大路货，贴牌，然后找个好市场，利润可以翻几倍；卖品牌服装的话，最好拿省代（省级代理权），靠发展区域加盟店赚钱。

其实我着急的不是赶时间开店，而是自己看不准方向……

以上是安徽安庆市杨小姐跟我交流时说的话，堪称经典。她的想法和碰到的问题，极具普遍性和代表性，至今仍是初涉服装业的朋友要经历和面对的：

· 做品牌不知道代理哪家好，做散货又找不到好的店铺。

· 旺铺不但费用高，而且不易拿到；一般的铺面又怕人流量不足。

· 新开发的地方门槛低，但又担心几年都旺不起来，等不起，亏不起，风险大。

· 服装到底是不是暴利？能不能赚钱？应该怎样做才赚钱？

杨小姐一心想做服装生意，很用心地去咨询、考察，并思考分析，甚至写出了商业计划书，精神可嘉。进入服装市场有诸多障碍，她能清晰地认识到“方向比赚钱更重要”，实属不易。

不可否认，有的人是为了爱好而做服装生意，爱好就是他的方向，赚钱不是目的；有的人是没事情做，想做生意，在众多行业中挑来拣去，因为门槛低而选择了服装行业；有的人是一时冲动或糊里糊涂就扎进去了，完全没有了解过服装市场……

他们只要能做成服装生意，往往会对一些条件做出妥协，比如说，没有旺铺，地段次一点的也可以；没必要去成行成市的地方，离家近，方便打理就行；只要拿货方便，有什么货就卖什么货；只卖精品女装，拿货贵点儿就贵点儿；先做了再说，碰到问题再调整……

我也碰到过很多人，确实想将服装生意当一份事业来做，想赚钱，也在寻找进入服装行业的门路。但是，其中一部分人始终没有走出去考察市场。或许他们不是不想对市场进行调查，只是由于对服装行业一无所知，不知道如何入手。

也有人很坦诚地说，他不想费力气考察市场，也不想花时间阅读资料，让我直接告诉他怎么做就行了。碰到这样的人，我也会很坦诚地对他说，对自己即将进入的行业如此不负责任，还是不做的好。

想了解服装行业的人，不管动机与原因如何，他们普遍关心的问题不外乎以下这些：

- 做服装生意赚钱吗?
- 现在进入服装行业，时机合适吗?
- 做电商好还是做实体店好?
- 电商发展迅猛，做实体店还有前途吗?
- 淘宝、天猫越来越难做，新手做电商还有机会吗?
- 微店能做好吗?
- 什么是无店铺经营、立体式经营?
- O2O是怎么回事?
- 做批发好还是做零售好?
- 做品牌好还是做大路货好?
- 卖童装好还是卖女装好?
- 哪里进货最便宜?
- 开一家服装店大概要多少资金?
- 我的资金只有5万元，搞砸了不好翻身，该怎么做?

问题都很笼统。服装市场跟股票市场一样，在熊市介入，风险就大一些；在牛市介入，赚钱的机会就多一些。但是不要忘了另一个生意法则：在整个行业最兴旺的时候，也会有人亏得一塌糊涂；在整个行业最萧条的时候，仍然有人抓住机会，赚的钱比往年还要多。我们缺乏的不是机会，而是创业的勇气和信心。往往是行业最萧条时，有大批服装老手倒下了，才给新生代更多的机会和希望。一样的道理，无论是做电商还是做实体店、做批发还是做零售、做品牌还是做散货、做童装还是做女装，都是有人赚钱有人赔钱。

如果一个人连服装店的定位都没有落实，就问“哪里进货最便宜”，那是无稽之谈。

如果一个人没有具体的开店方案，就谈论需要多少资金，那是睁着眼睛说瞎话。

那么，初涉服装业，少的几千元，多的几十万元到几百万元不等的投资，都该从什么地方做起呢?

我无法给出稳赚不赔的投资方案。但是，通过讲述我身边的服装经营故事，可以帮你了解行业规则、市场特点等，然后找到适合自己的服装生意路。

经常有人问：“国家整个服装行业的情况如何？”我总是回这么一句：“这跟你有很大关系吗？还不如关注你自己做什么服装生意才赚钱更实际一些。你只是一个店主。”

你或许在电商与实体店的选择中犹豫，或许在为未能预知5年后的服装市场格局而沮丧。与其关注遥远的未知世界，不如关注当下的精彩，关注模式的变化，关注不断变化的消费者的需求。遇见即改变，未知即精彩。

新手们所有的问题，其核心就是生意的定位。定位包括货品的系列、风格、档次，以及店铺的选址和商业模式等。

- **产品定位：**男装、女装，童装、成人装、中老年装，牛仔、T恤、裙子，时装、休闲装、正装，品牌、大路货、库存，中高档、中档、低档等，准备卖什么样的服装?
- **经营地点定位：**商场、街道、社区、学校、菜市、网络平台等，在什么样的地方卖服装?
- **进货渠道定位：**品牌公司、批发市场、代理商、互联网，北京、杭州、广州等，去哪里拿货来卖?
- **经营方式定位：**批发、代理、加盟、散货、贴牌、电子商务等，怎样卖服装?

这样，我们的思路是不是清晰了很多？接下来，我们就要去寻找这些问题的答案了。

当然，仅仅靠东问西问得来的答案，不可能与市场的实际情况相吻合。服装的商业模式纷杂繁多，每个店铺成功和失败的路径都是不可直接套用的。

不过，我们可以把这些问题当作方向，有目的地去阅读相关读物、上网查询资料、融入行业圈子、咨询业内人士，有针对性地考察货源市场、终端零售市场和消费者市场。具体操作如下：

赚钱锦囊

1．在百度等搜索网站，输入你所想到的任何关键字，如服装创业、服装经验交流、服装店选址、服装店装修、服装进货、羽绒服产地、牛仔裤质量辨别等，进行搜索。虽然网上的信息庞杂，有的真假难辨，有的以偏概全，但通过大量阅读，增加信息量，拓宽知识面，逐渐地也就能自己做对比、分析了。

我于2010年1月在阿里巴巴创建的“一辈子的服装创业伙伴”的博客（现改为专栏），里面有1000篇文章，都是服装创业的案例和经验分享。截至2014年年底，访问量接近900万，为数十万创业新手和店主所关注。你在网上搜索“服装探秘”，便可查找得到。

2．在QQ上查找人或群，如输入服装零售、服装营销、外贸服装等，页面会显示很多相关的人和群，选择你感兴趣的人，申请加为好友，或选择一些成员多的群，申请加入。这就是我对新手说得最多的“混圈子”的方法之一。在微信上亦可进行类似的搜索，关注一些公众号和个人号。

互联网上的自媒体人形形色色，我所了解到的个别人气十足的自媒体人，从他们的观点来看，一部分确实是非常独到的，但有一部分纯粹就是误导新手的。任何人，他的经历和阅历都是有限的，专注与坚持的人方能做到专业。那些显摆自己知识丰富，在各种领域和行业都能发表一些所谓的指导性观点的人，往往是不靠谱的。所以，新手在初期不要过于迷信某个人，通过学习的积累，慢慢地便能做到选择性的吸收。

3．论坛也是混圈子、互动交流的好地方。综合圈子成员数、内容质量、最近30天的访问用户数、页面浏览数等指标，都是选择论坛的标准。比如，阿里巴巴服装创业经验交流商友圈，里面有很多行业人士发表的帖子。阅读帖子后，可以尝试联系一些楼主，加他为好友。大多数楼主都建有旺旺群、QQ群，你也可以加群学习、交流。个别楼主甚至还会通过与读者交流，为读者提供个性化的创业方案。

4．网上不同的圈子会发起一些线下的分享、交流活动。可以通过长期关注，多和圈子内的网友交流，适当选择参加一些活动。

5．线下的考察。多逛逛购物中心、百货商场的品牌卖场、专柜；多逛逛批发市场；多逛逛服装扎堆的街区，以及有服装摊位的夜市；很多城市都有楼中店，这些都可以多逛逛。通过市场考察，接触形形色色的人和事，以及丰富的市场信息，无形中，你的看款水平会有所提高，也更有可能明确自己的定位，知道怎样才能把货组好。

我们在逛的时候，要以顾客的身份，争取和导购员有更多的交流，不要怕冷淡接待。时机合适，可以和导购员聊她们的一些心得，甚至还可以了解该商圈的总体环境、商户的生意状况、店铺的租金情况等。

6．开店之前是不是一定要到店铺去打工呢？答案是，未必。当然，有打工学习、锻炼的机会，也不要浪费。服装店包括零售的、批发的、散货的、品牌的，各人根据实际情况来选择，也可以先后选择不同类型的店铺。有的人甚至会选择到工厂、公司、布行去打工。有一个问题就是，新手怎么样才能被录用？方法很多：通过熟人介绍；承认自己是个新手，以诚心打动别人；先期多混圈子，多走多看，积累行业知识；从其他岗位做起。像男生，在批发市场要找导购员的工作，不太现实，可以考虑先从事仓管、打包等工作。

7．开店之前先摆摊好不好？有人说摆摊跟开店半毛钱的关系都没有。这个说法是片面的、极端的。不过，摆摊跟开店是两回事，这个说法我认可。相当一部分店主，基于资金少，或为了减少投资风险，或为了学习、锻炼，选择先摆摊，然后一步步发展起来。从地摊到店铺，再从连锁到公司化运营，这样的案例不少。摆摊，不但可以熟悉行业，还可以磨炼创业的心态，培养创业的精神。但要注意，不能把摆摊的套路完全搬到店铺经营上，也不能把零售的做法搬到批发上来。

随着学习、考察、交流的深入，我们碰到的问题会越来越具体，并能找到相应的答案。比如，确定了店铺却找不到合适的货源，或者确定做某种货品却找不到相应的店铺，怎么办？就近采购容易撞衫，价格上不去，长途采购成本又不划算，怎么办？网上采购货不对版，怎么办？种种问题，都能找到满意的解决方案。

在我们把两只脚都蹚进服装这摊水之前，发现的问题越多越好。发现一个，解决一个，层层推进，一直到获得最准确的定位为止。考察就像排雷，工作不到位，一旦触雷，几十万元的投资都有可能灰飞烟灭，所以马虎不得。

也有人在做服装生意之前，就有了很好的规划，一开始就确定了方向，进行了定位。其实，这是他们在没有深入了解行业与市场的情况下做出的规划。在实际考察以及今后的经营操作中，他们肯定会有所调整，才能慢慢明确自己的方向。

2

做服装生意就得培养好心态，为什么一定要蹚服装这摊水？

小邱急着要开网店卖衣服，跑到广州考察批发市场。广州服装批发市场商厦林立，货品令人眼花缭乱。小邱虽然满腔热情，但是心中没谱，底气不足，碰到这种情况，更加一筹莫展。

小邱联系了广州的一位朋友，希望这位朋友给她指点迷津，潜意识里还希望人家能够鼓励她进一些货，试试水。但朋友告诉她，先多走走看看，回头再合计，不要急着进货。结果事与愿违，小邱不但话听不进去，反而加快了动作，第二天，她就到白马进了4000元的货。

小邱进货够冲动的，卖货也够心急的，没过多少天，她就哭着鼻子对广州的朋友说，货卖不动。

就在我听到小邱哭鼻子这个故事的前一天晚上，深圳的潘小姐急着要见我，说想投10万元到商场卖品牌服饰，让我帮忙决定。

潘小姐说，深圳××商场有个比较偏的位置，押金一两万元，扣点27%，月保底营业额8万元。深圳××服饰是新的牌子，刚开始做市场，免加盟金、保证金以及首批货款，只需交2万元货品押金，拿货3.6折（含税），100%换货……

潘小姐看中的是品牌的低加盟条件，怕这个机会可遇不可求，一副等不及要做的样子。我建议她继续深入了解，考察货品的风格、价位、市场情况、商场的人流量，以及经销商对商场的评价等更多的内容。但对于做与不做的决定，我始终不肯表态，潘小姐对我的态度有点不高兴。后来我问她最多可以承受多少钱的亏损，她说亏四五万元没问题。她既然不在乎亏几万块钱，那我只好说："试一下呗。"就算只是听到这几个字，潘小姐也很开心。

我问潘小姐为什么要做服装生意。她说没有别的可做了，都一年没做事了，就是想做服装生意。她之前咨询了不少人，有一半说能做，有一半说不能做，我是中间派。

潘小姐见过我后不久，就开始接模特的活。之后有三个月的时间，她心有不甘，一直在考察其他品牌和商场。最近，她觉得模特工作自由、轻松，收入不错，才彻底打消了做服装生意的念头。

为了形容生意难做，有人这么说："如果想害一个人，就叫他做服装生意；如果想害惨他，就想办法让他做女装生意。"照这说法，潘小姐算是幸免于"难"了。像小邱这种飞蛾扑火的人，则是拦也拦不住的。

做服装生意的人，各种心态都有，有的是为了养家糊口，有的当一份工作，有的纯粹是爱好，有的想赚小钱，有的要赚大钱……

事情的结果往往是这样，想赚钱的未必能赚得到钱，不想赚钱的反而做得顺风顺水。其实，做服装生意就得培养好心态。

云南昆明的周小姐，在家闲着，因为爱买衣服，索性自己开了一家外贸女装精品店。由于家里经济条件较好，周小姐也不刻意要求这份生意能赚钱，即使亏了也无所谓。刚开始，她到广州、深圳上货，当作旅游散心，后来觉得累了，就托深圳的朋友帮忙上货。她这样做生意，反而能赚到一些小钱。

河南周口的蒋大姐，老两口在家闲着没事干，老早就琢磨起做服装生意，但时机不成熟，也不急着上马。老两口专程到深圳参加"天涯迷裳"服装交流会，跟到会的朋友交流，并考察货源市场。参加交流会的有几个厂商代表，蒋大姐看中了专卖外贸库存的东莞××服饰公司的货品。她觉得这些货品能赚钱，才决定开始卖服装。恰好碰上秋冬装转季的时候进入市场，蒋大姐的生意做得非常不错，半个月内，光是在东莞这家公司就上了两次货，进货金额近万元。

湖北武汉的孙小姐现有两个店铺，面积分别是25平方米和30平方米。营业额非常可观，每年都达到五六十万元。可在三年前，她还是个服装盲。

那时，单位说要改制，孙小姐随时都有可能饭碗不保，于是每天上班没事就上网到处浏览，寻找做生意的机会。偶然间，孙小姐看到一个一折拿货的服装网站，广告做得很吸引人。几天后，她去这家公司的展厅看货。展厅的衣服都很漂亮、有档次，价格却很低廉。她当即就签了加盟合同，交了1.08万元的加盟金。从没做过服装生意，就这么在展厅一看，甚至都没有考虑过到公司看一下库存，就签了合同，孙小姐觉得自己当时太冲动了。果然，事后公司发来的货，比展厅的差多了。

后来，孙小姐又在网上搜索了几十个大大小小的品牌服饰折扣销售公司，拿货的选择多了。但是，在网上看到的图片，总是与实物有出入，配来的货基本上是60%能卖，40%卖不动，扣掉可以换货的20%，每批货至少有20%肯定会压货。

尽管货源有很多不稳定性，不过做服装生意是孙小姐的爱好，她就把压货看成压的是自己买衣服的钱。虽然做服装生意的动机是为了给自己找条退路，但她遇到货源问题，也没有急过。她在投资方面的把控，做得非常到位。

孙小姐选址的时候，选择了商业区的边缘地带，房租便宜，一次性交清，每年才1.2万元，其他税费、管理费等都没有。装修也没花什么钱，基本保持原来店铺的风格，只是请单位的小工帮忙刷新而已。她说自己没做过服装生意，这样低成本操作，即使做不好了，也方便退出。初期的投入，总共6万元。她定了一个规矩，就是不再投入资金，卖出货款后再进货。

至于压的货，她都在季末之前降价处理。孙小姐赚钱的关键点在于，她认为库存货都是旧款，在七、八月淡季的时候，就把秋装和冬装上足了；而别的店铺会考虑上秋装、冬装的时机和数量，但往往把握不准。因此，在入秋和入冬最赚钱的时候，别的店铺难赚到大钱，孙小姐却可以赚到相当于一年营业额的钱。

孙小姐最终没有因为改制而下岗，服装生意成了她的第二职业，所以，她没有花太多心思去研究七七八八的生意门道。在采购这方面，她也只有依托网络。三年来，除了货源有些小问题，其他也没有碰到过沟沟坎坎的。孙小姐看到周边的服装店今天开业明天关闭，对此，她已经很满足了，没有野心要赚得更多，只希望继续走下去。

孙小姐说，服装店很多人都开得起，但能一直走下去的少之又少，有一天，如果觉得自己的店铺经营起来比较吃力了，也会把它关掉。

服装人的心态，还有很多是“愁进又愁出”。打个比方，进入服装行业，就像站在河边看见有人在撒网捞鱼，心动了，经过一番激烈的思想斗争，跳入河中，才发现河水冰冷，想回头上岸，又觉得弄湿了衣服还空手而归太可惜了，只好一边犹豫一边游向更深处。这样的心态，最终的结果往往是，我爱的“人”伤我最深。

做服装生意，钱不是想赚就会来的，关键还要有好的心态。如果店铺是赢利的，借点小钱周转一下还可以；如果是亏损的，企图通过借钱把本钱扳回来的心态很危险。家有老婆孩子的人，最好别拿全部身家去赌这种生意，大额借债去做服装生意更不可取。真想赚钱，还不如先考虑好自己最多可以承受亏多少钱，然后，再做好一切准备工作。

其实，服装生意是一场游戏而已，只是不要把它当成儿戏就行了。

3

市场情况不好，何时才可以入行？

从2008年开始，服装人普遍反映生意难做。每年都这么说："今年是最难做的一年，比去年、前年难做。"大家公认比较好做的是2000—2007年，认为那时入行的人大都能赚到钱，而且都不怎么讲究进货、陈列和营销。现在回过头看，很多人又说2014年是史上最难做的一年，2010年、2011年其实还是好做的。

要是有人这样问我："服装市场大概什么时候会好转起来？"我会回答："如果你期待市场好转才考虑进入服装业，那么你干脆永远都别为这件事操心了。"这不是危言耸听。摆在我们面前的问题有：

· 逛街的人变少了，而且他们的购买意愿变低了。

· 货品成本高了，而且同质化严重。

· 店铺租金和转让费上涨。

· 电子商务的冲击加剧。

· 导购员工资高，而且难招难管理。

· 促销活动没有效果。

· 业绩下滑严重。即使业绩上去了，纯利润却没有增加。

· 新手超过一年时间的存活率低至30%。

· 店铺的存活时间在缩短，平均存活时间仅半年，而且仅存活三四个月的新店铺在增加。

服装市场怎么了？我正在做一些项目的研究、分析，以及试验：搜集新手创业失败、老手退出服装业的案例，分析原因；搜集新手成功入行的案例，分析原因；建立店主成长计划体系，在服装创业商学院内试行。

做这些事情的目的，就是要解决我们碰到的一系列问题：在当下市场竞争环境中，如何突围？如何经营好服装店铺？如何做好品牌运营？如何赚更多的钱？

服装创业商学院29期的学员张黛，有一个30平方米的小店，卖十三行市场的档口货和沙河市场的货，2012年的营业额是600万元。这一年，她公司旗下4个店铺，只有这个30平方米的小店是全年运营的，其余3个店铺（一个100平方米左右，另外两个都是几十平方米），一个4月开业，另两个下半年开业，但全部加起来一年的营业额达到1700万元。

服装创业商学院24期的学员葛大玮，30平方米的小店在2012年9月开业，初期投资仅11万元；2013年年初，小店扩展到60平方米，全年营业额220万元；2014年的营业额目标定在400万元。

服装创业商学院18期的学员顾鹰，开十几平方米的小店，3年来他通过小店结识了上千位顾客，卖掉1万多件衣服，单笔成交最高是9600元，单日成交最高是2万元。开店第一年的第一个月，营业额1.6万元；第二年的第一个月，营业额6.5万元；第三年的第一个月，营业额11.6万元；第四年的第一个月，也就是2014年9月，营业额16.3万元。

其中，葛大玮是做女装贴牌的，顾鹰是做外贸服装的。我总结他俩成功的关键词：小店，低投入，精准营销，精细化管理，用心付出。

至于生意没有起色，越做越差，甚至失败退出，就我目前手头上有的案例，我简单扼要地梳理出几点原因。

1. 对市场的竞争环境从“好”到“不好”的变化，在思想和行动上没有足够的准备。如：一些大卖场在人流量锐减的时候，没有及时减少营业面积，优化货品结构；一些店主依赖于上海七浦路市场先卖货后结款、卖不掉包换货的模式，又基于降低成本、加快上新速度等原因，转移到广州拿货，但选款、组货水平跟不上，也不适应这边货品时常供应不上、塞货、退换货难、服装态度差的市场环境。

2. 好高骛远，对服装业的了解还处于皮毛阶段，就想在技术层面、模式层面做到“首创”“颠覆”，开口闭口说要赚几千万、几个亿。这样的人往往忽略了在起步阶段，谁帮你采购、谁帮你打包、谁帮你做推广等最实际的问题。等真正操作起来，他们往往解决不了这些问题。

3. 盲目地认为开店是一件简单的事，在完全不懂货品、陈列、营销的情况下，先开店再说。开店之后碰到问题了再翻书、上网、找人要解决方案，而且还要求一夜之间药到病除。

4. 与盲目开店相反的是过于谨慎小心，拘泥于某一环节、细节。如：有的人觉得要弄清楚面料才能卖好服装，结果才接触面料一两天就知难而退，他们没有想到很多店主是在不懂面料的情况下开店的，在实战中边学习边成长，以销售话术的优势弥补面料知识不足的劣势；有的人觉得要找到全是大码的品牌折扣的分份货品，认为小码卖不出去会形成库存风险，他们没有去想全是大码的分份货品几乎是不存在的。

5. 对生意是好是坏满不在乎，认为最初是学习、锻炼的机会，不好就收手不做，做顺做好了再发力。心态虽好，但想法不对。没有深入，浮于表面，不是真刀真枪的实战，能锻炼人吗？能学习到什么？这样的人绝大部分因为初期做不好就退出了服装行业。

6. 固执地认为个人只有在实战中摸索才能找到适合自己的道路，对别人的成功案例、经验分享、指导建议嗤之以鼻。他们和夸下海口的人一样，处处碰壁，却又不肯请教别人，就算失败了也悄无声息。偶尔有创业成功的，殊不知，如果有人指点、引路，可以走得更快更远。

创业的成败，与性格、思维、心态等息息相关，因为这会影响到自己的方向与目标，影响到自己的判断和实际操作的每一个步骤。唯有对市场和未来始终心存敬畏，不断学习，探索其中规律，讲究方法，才能与时俱进，活在当下，放眼未来。

为了说明学习的重要性，我通常会问一个基本问题：“库存尾货和新款零售有不同的操作手法，你知道吗？”有成功实战经验的人或许一下子说不出其中的道理，但他们的做法是相通的。没有做过服装生意的人，或想不明白自己做库存尾货老做不好的人，你能正确回答我的问题吗？

赚钱锦囊

1．新款更新快，生命周期短，所以经营新款要做到少量多次上货，尽可能减少压货，因为压货时间长了，就会变成旧款。库存尾货的生命周期一般以年份来计，如2012年的款、2013年的款，或2014年的款，由于每一批货错过就没有了，因此看中的货就要盘下来，相比新款来说要多压些货。

2．新款要严格按照季节、时间和天气来把握上货节奏，因为不到季节，市场上没货，提前订货的也会压着货不发——担心竞争对手抄版。即使有货，上早了也卖不动，很快就会变成旧款。库存尾货一般要提前半个月或一个月上架销售，因为它不存在过一周两周就过迟的说法，同时它的性价比容易吸引顾客购买。当刚刚转季的时候，库存尾货迎来销售的高峰；当新款热卖的时候，本来价格就有优势的库存尾货清货销售，两者的价格差更加明显；当新款在季末低价清货的时候，库存尾货已经上下一季度的新品了，避开与新款的正面交锋。

成都的曾小姐，30平方米的店铺卖库存货，2013年的营业额为200万元。她的具体情况是，8月初上秋冬装；10月销售20万元；11月销售30万元；12月清货，销售25万元；次年1月，上半月装修，下半月直接上春装，销售15万元。她囤货最多的时候是30万元。

曾小姐和上文提到的武汉孙小姐的上货节奏基本一致，这并非偶然。她们都是在按市场规则、规律经营店铺。库存尾货的批发与新款的批发亦是不一样的上货节奏。库存尾货一般是反季节压货，提前一到两个月批发。

关于服装生意，我们身边充斥着负能量，让很多新手未入行就胆怯。其实，我们身边也一样充满着正能量，服装市场那么大，耕好自己的一亩三分地，微品牌、O2O、社群商业等，都大有可为。既然大家都认为电子商务在冲击着实体店，那你为什么不去“触网”？既然铺租那么贵，那你为什么不去尝试无店铺经营、立体式经营？不要幻想市场会好转，竞争会一年比一年激烈。如果你敢于拥抱互联网、拥抱变化，那么，挑战就是机遇。

4

做服装生意，你是否真的有优势？

拥抱互联网，并不等于一定要开网店，我们可以利用互联网打造自明星、做营销、做推广，提高实体店的进店率和转化率等；开网店，不只是在淘宝和天猫，还有京东、1号店等；除了B2C、C2C，还有B2B……无论做什么，我们都要问自已：你是否真的有优势？

山西的王先生马上就要做服装生意了，他跟我聊了他的一些想法。

我这是个县城，想投资10万元开个服装店，打算卖大路货，进好点的货，装潢好点，卖的价钱好点。

我是山西人，从家去太原坐大巴要一个半小时，开车去也就40分钟。去太原拿货，如果货不好，还可以换，远了怕不行。但有个问题，我就近拿货，别家也会如此，卖不上好价钱。我也想过去北京、广州拿货，但是觉得远了。去北京的火车票要60元，5个小时才到。我觉得做10万元的生意，不值得去北京和广州拿货。

我有三个亲姐姐，她们都做服装生意，一个在北京，一个在广州，一个在本地摆小摊位。

在商业街，品牌服饰越做越多，普遍是适合20～35岁穿的女装，夏装的卖价在200元左右。我觉得差不多这个价格的货好卖，但品牌不怎么好做，不如拿外贸货，利润空间会大些。如果挨家拿货，价钱比较高，但是固定几家拿货，又怕拿的货不全。

我也要卖女装，适合20～35岁女性穿的上下装都卖。做有钱人的生

意好点。像我姐姐的小摊位，砍价太厉害了。

打算这几天把店面租下来。店面一年的租金4万多元，150平方米左右，因为格局不怎么样，所以租金便宜。我担心拿10万元投资不够，比如说装修，实在不知道投多少才够。我想装修花3万元，拿货花2万元。

我首先跟王先生讨论了资金的问题。我说10万元估计不够用，租金及证照等管理费用要花5万元，装修含货架等省一点的话3万元也够，但余下2万元的分配就有问题了。2万元全部放到进货上，按定位零售200元的货品计算，进货价在80元左右，才能进到250件上下装都有的衣服，铺在150平方米的店面里，明显不足。秋冬换季上货需要更多的资金，夏天赚的钱不一定够，而且夏装会压多少货还是一个未知数。此外，虽然一年的房租都交清了，但日常还是需要准备一些周转资金。

之后，我跟王先生重点探讨了如何创造和发现自己的优势，并利用起来。

县城里做品牌服饰的太多，选择做外贸货，将自己同其他店铺区分开来，这是创造优势；在太原上货没有竞争力，想办法去北京、广州上货，这也是创造优势。但经常去北京、广州来来回回地打货，时间和费用上都不划算，怎么办？王先生的优势是，他有两个姐姐分别在北京和广州做服装生意，王先生可以跟她们商量，最好由她们帮忙上货。

有一些人，是因为有亲戚朋友可以在货源地帮忙上货的便利，才选择做服装生意的；没有这种人缘优势的人，要么自己去进货，要么想办法通过网络等平台、渠道去实现异地进货。

总之，跟着别人做生意，自己有的渠道别人也有，别人有的渠道自己未必有。后面踏进来的人，如果不知道自己的优势所在，按常规做法来操作，这样的生意十做九亏。所以，服装新手要创造优势，另辟路径，突破传统，打破常规，才有希望在激烈的竞争中分取一杯羹。

王先生的两位姐姐做着服装生意，看货应该有眼光，只要弄明白王先生店铺的定位和风格，我想这绝对是他的优势了。

不过，优势也是讲条件的。同样的优势，不同的时间，不同的地点，不同的人物，会有截然不同的结果。这也说明了服装生意的复杂性。

有两个真实的故事我常拿来告诫别人，一个是出厂价拿货创业却输得很惨，另一个是最便宜的货并不见得就有优势。

第一个故事说的是三个年轻人，他们有关系可以直接从工厂拿货。从工厂直接拿货，不管是新货还是库存，都是大部分零售店主的梦想。三个年轻人片面高估了自己的优势，以为出厂价六七元一件的衣服，再也没有别的地方可以进到这么便宜的货了，于是他们第一次进货，每个人都在2万元以上，结果折腾了一个月，卖得最多的那位也仅仅卖了10%。

低端的货品，厂家一件赚的也就是三五毛钱的利润，出厂价拿货的优势并不明显。最主要的还是，他们店铺的周边，充斥着大量10元一件的库存尾货，款式和做工都比他们的货要好。碰到这样的情况，他们输得很惨也就不足为奇了。

第二个故事说的是一位广州的朋友，他听多了别人拿便宜货回老家卖如何赚钱的故事，抵挡不住诱惑，就花几个月的时间考察服装批发市场，最后决定在沙河以2万元进每件价格2～14元不等的货，发回湖南老家卖。结果，这批货全压着动不了。

不管是农村还是城市，各地消费习惯都不一样，对价格与货品的理解各不相同，便宜货也不是放到哪里都能与市场需求对得上路的。这位朋友的做法能有这样的结果，也是不足为奇的。

货品分高中低档，不管哪种档次的货品，其风格、面料、市场定位等也各有不同，不能用“最便宜”来界定。做低档的，拿到所谓最便宜的货品，也未必能与自己的经营定位和市场需求接轨。像大部分农村，留守的是老人和小孩，卖时尚服装基本没有销路。但是，这也不代表卖中老年装和童装就一定有市场。如果中老年装过于性感，童装过于花哨，能卖得动才怪了。

“服装的价格没有最高，只有更高；没有最低，只有更低”，这是服装价格的“相对论”。拿到最便宜的货并不是优势，拿到合适的货才是优势。合适的货品以合适的价格采购回去，赚到了钱才是优势。未来的趋势是品质与服务占优势，而不是价格第一，因为顾客的消费习惯和消费意识正在一天天地改变。

优势不能误判。长沙的一位学员，执意要做男装。我一般都不建议做男装：男装市场份额小、更新慢、周转慢；女装店铺多、竞争大，说明市场也大；解决女装的看款眼光问题要比解决男装的销售问题容易。这不代表我的意见就是大家都做女装，都不要做男装。要做男装，选到好的店址，有足够的目标群体等优势，也未尝不可。不管男装女装，对比起来都有优劣势。一些人只看到优势，没看到劣势；很多人也会误判自己的优势。

这位学员认为：男装店铺少；老公的朋友多，朋友都说难买到合适的衣服；男装选款没有女装那么麻烦。她最看重的就是老公的朋友多。结果，店铺开业之后，朋友都来过了没错，但他们中大部分人还是反映合适的衣服不多。更棘手的问题是，店铺的自然流量以穿潮流服装的顾客居多，而她老公的朋友大多对成熟的、商务的服装有需求。

朋友多，做朋友的以及朋友的朋友的生意就够了。这样的声音不少，但以此为优势去开店十有八九是不行的：朋友的生意做多了，免不了有伤感情的吧？朋友的衣服不可能大多数雷同吧？朋友再多，也不可能有街上来来往往的人多吧？

我是做美容、化妆的，我有近千个熟客；我做洗衣店五六年了，我和几千个客户都有联系……类似这样的情况，目标明确，定位精准。客户能有几百、上千，甚至上万，你的朋友能有那么多吗？和客户的关系是建立在生意的基础之上，所以，做客户的服装生意远比做朋友的生意靠谱得多。

是的，优势必须具体、真实、靠谱。有一位江西的学员，说要开淘宝店卖服装。我问他："为什么选择淘宝？"他说："我有优势。"我问："什么优势？"他说："我对淘宝有研究，自认为研究得还不错。"

他在事业单位上班，学习和工作的履历均与电子商务没有交集，接触较多的朋友也鲜有做电商的，所谓某某同学、朋友做得还可以也只是听说而已。我直接告诉他，这些都是虚的，不是你的优势。没有优势不等于不能做，但要有试水的心态，要有随时败走的心理准备。飘浮在空中的执着，就是一意孤行。

5

服装小店，合伙有优势，还是单干有优势?

合伙还是单干，这是很多创业者要考虑的问题。有些人觉得合伙更有优势，但更多的人会选择单干。

我在2013年年初做过一个问卷调查，共有62个实体店主参加。参与“实际情况是合伙还是单干好”调查的59个店主中，54个选择单干，5个选择合伙；5个合伙投资的人中，只有1个不参与日常经营管理，余下4个是和合伙人共同经营管理的。

这里的合伙投资，不包括店主给店员股份的情况。有些投资属于家里人出部分钱，经营要对家里人负责，但在这里归于个人投资一类。

59个店主的观点如下——

1. 单干的好处：

（1）更灵活，有想法可以马上实施；

（2）独立自主，自己说了算，掌控力好，没有争执、纠纷。

2. 单干的缺点：

（1）私人化经营，不规范；

（2）面临冒进的风险与人力、财力的不足，什么都要自己干，少帮手，不好做的时候，有心有余而力不足的感觉；

（3）思维单一，如果决策失误，有可能导致全盘皆输；

（4）个人比较感性，不太会克制进货，看版凭自己喜好，没有参考意见。

3. 合伙的好处：

（1）资金和精力都相对充足，资金压力小，风险共同承担；

（2）条件互补，点子更多，集思广益。

4. 合伙的缺点：

（1）决策上比较难，沟通成本大；

（2）容易产生分歧，比如在操作思路、经营模式、货品定位等问题上都难形成统一的意见，严重时产生利益纠纷，在生意不好时更难处理；

（3）有些细微的工作不好分，有时依赖性大，容易产生惰性；

（4）账目管理方面敏感。

此外，店主还有其他一些观点：

1. 服装进货靠的是个人眼光，合伙做生意靠的是相互理解和默契。

2. 小的生意单干比较好，大的生意还是合伙更好。

我补充一些个人观点：

1. 不建议合伙。我经常收到店主给我的信息，诉说合伙生意的各种苦。合伙的生意大部分以分手或关门结束。

2. 选择合伙的店主大都有自己开服装店的梦想，只是苦于资金不足。我建议，资金差距不大、金额也不大，可以通过借钱的方式解决；资金差距太大，或金额太大，根据当下的情况量身定做单干的创业计划。

3. 有的人想开服装店，但对行业不熟悉，希望与熟悉的人合作，对方不出资，而是全权管理店铺或负责进货。这里面进货的环节很难控制。如果对方不负责进货，也难免会出现销售与进货互相扯皮的情况。建议这样的人先学习相关知识，有一定的了解后再考虑后面的问题。

4. 总之一句话，小店能不合伙就不要合伙。确实合伙了，规则要定好。

上海的一位零售店主说："我们合伙是这样的，开始一人投3万元，每天的营业额出来就一人一半，当场分掉。进货一起去，进完货算钱，一人一半。店里交费用、买东西，全部当场结算。

"不过繁华的背后总有些许落寞。合伙生意，都是老板，做生意没的说，卖出去就是钱。销售方面没有分歧，陈列方面她不在行，全我弄。主要是采购的时候，都有眼光，我胆大，她胆小，我看中的她看不中，一个款我认为比较好，就想多上几个色，她怕压货，不同意。所有的货都要经过两个人同意才能进回来。店开久了，意见越来越不统一，争论也有过几回。

“后来我结婚了，因为住得远，中途提出退出，但她不同意。熬到合同期满我就退出来了，她不太高兴。挺伤感的。我想提醒大家，能不合伙尽量不要合伙，实在要合伙，一定要亲兄弟明算账，大家写清楚各自负责的工作职责。”

广州的一位批发商说：“初期创业尽量合伙。每个人都有自己的理念，有些人大胆，有些人顾忌多。我是属于大胆的，但是我很喜欢跟顾忌多的人合作，这样更加稳妥。吃过几次暗亏后，自己也会考虑稳妥行事。

“分工明确就可以了。我隔壁档口两姐妹，有个非常犀利的合作方式，比如拿面料2000元，一人给1000元；档口每天卖1万元，每个人拿5000元走。没有过去的账，全部当天清。合作了10年从没吵过架。

“她们管理上分开。大姐管理档口，妹妹管理款式。生产和经营也分开。大家都会犯错，双方也都会向对方提意见，但所有的错误都一起承担。

“合伙人之间的分歧一定有，但是有一点，对方愿意为你承担错误吗？对我来说，事情要做，错误也允许存在，只要不超过底线。错一点，当学费就好了，大气点。如果涉及原则问题，我会用一票否决权。这就看谁的权重高或者是权力大。”

6

原创服装品牌定位微品牌才能生存和发展？

服装设计师对市场的流行因素较敏感，但普遍对生产领域不熟悉，对流通领域更是陌生。下海的设计师自己开发设计、打版、下单加工，然后拿到市场上卖的不乏其人，有赚得盆满钵满的，也有死在沙滩上的。“岸上”的设计师则蠢蠢欲动，携着创业的激情，不撞南墙不死心。他们最关心的就是投资金额的多少和生产、销售等如何操作。

2009年，白维在淘宝网上开了一个网店，名字叫“月芝猫原创女装”，经营自主品牌“月芝猫”。一起合作的共三个人，一个负责研发设计，一个负责制作成衣，白维则负责销售和店铺运营。因为担心风险，所以三个人都是兼职做的。后来慢慢发现，如果需要把这个当作事业做好，就必须专职，于是2011年她们都辞了工作，把全部精力投入其中。之所以选择做网店，是因为网店需要的资金比实体店低，维护运作成本也低。再加上品牌的定位、客户的定位都需要一定时间的修正，一开始也不敢投入太多。

但不管如何省钱，她们还是投入了5万元，主要用在服装款式设计、制版和面料辅料上。这份投入，做货的时候还不敢放开，最初主要做S、M码或均码，L码或特殊尺寸有客户预订才做。刚开始的那段时间一个版只做一个色，积累了一些客户后才做两三个色。后来有了天猫店，尺码不能太少，于是主推的款式保证4个码，不主推的款式3个码。

我到她的店看过，衣裙给人可爱、甜美、飘逸的感觉，适合20～30

岁的人群，夏装在150～300元，冬装在200～400元。货品不错，如果批量加工，面料辅料成本会降低，加工费甚至可以减少2/3。她们的夏装单件的加工费按市场报价在40～65元，冬装在50～80元，批量生产的话，一般不会超过25元。

好在白维她们是自己设计制作，可以根据资金的多少来控制库存，资金多时就多做新款，资金短缺时就少备货和料。“月芝猫原创女装”的夏装款多量少，生意不错。但是，由于初涉市场，秋冬换季时间没有掌握好，款式开发没有跟上，导致本应是生意旺期的换季销售效果不好。

“月芝猫原创女装”刚开张的时候最艰难，信用低，款式少。开始她们同意了几个高信用店铺的代理要求，增加了一些销售额。不过，为了长远发展，现在已经把销售权都收归自己手里，只做批发。客户群的建立是最重要的，老客户和回头客是一家店长久下去的坚实基础。

前几年，淘宝网上原创服装还不成规模，做得好、有点名气的也就几家。“月芝猫原创女装”十分看好服装原创市场，在设计风格定位上刻意与其他品牌区分开来，坚持走有自己特色的原创道路。

我跟白维探讨过很多次做工成本，以及低投入、低风险进入市场与原创发展的关系问题。大多数设计师想低投入、低风险地进入市场，他们最需要的是通过市场验证自己的作品，通过赢利积累资金，然后才能谈得上自主品牌的发展。对此，我有5个建议。

赚钱锦囊

1．做批发档口，自己设计、下单生产，自己卖。一个版两个码、两个色，共做150～200件，其加工成本接近于批量生产的水平。一个版的货做一万多元的即可。

这样的操作，档租的支出是主要成本。有些档口的租金一年交清，需要十几万元甚至几十万元。那么，如何在这方面降低成本和减少风险呢？找合租的档口，即租半个档口，或者半档都是跟人家合租的。半档合租签三四个月都行，而且租金可以月结。

2．挑一两个自己看好的版，按第一个建议的单量生产，然后联系若干个炒货的档口代销，档口提成20%左右。这样，一两万元的投入，退一万步来讲，即使卖不动，到时半价清货，也只是亏几千元。这种方法比起网店，见效快、流量大。

3. 做出几个版来，挂在档口或写字楼，由他们代为接单，自己下单给工厂生产。但档口或写字楼接了单后，他们有可能私下找厂加工走货。

4. 做出几个版来，拿到市场直接找档口下单。这样做，合作好了，成本最低，风险最小。但一开始档口不会交订金，档口下单后，自己供货了才有钱收。为防止档口中途反悔不收货，一次做货不要太多。

5. 开原创网店，慢慢培养品牌。像“月芝猫原创女装”的操作，加工成本高，但她们追求的是低利润发展，其价格跟其他网店上相似货品的价格也不会有很大差距。

像“月芝猫”一样的原创自主品牌，时间长了，知名度有了，附加值就会增加。

几年过去了，白维仍然存在着供应链和销售渠道方面的困惑。她们现在一个月可以开发25个款左右，但只靠自己的网店消化不了那么多。有的款卖得不好，为了避免库存，可能才卖几件，或一周左右就淘汰了。这是在浪费资源，所以白维还在想有没有更好的方式可以和批发商合作。但是，她们不会自己去开实体店。

白维的网店在2013年做了几百万元的营业额，虽然比起做了几千万、上亿元营业额的大店，差距还很大，但对白维来说，她们的原创之路这么走过来实属不易。因为天猫的成本太高了，2013年算下来是亏的，而且天猫的成本只会越来越高，所以白维才想多一条出路。白维说，待资金、款式风格、生产质量等条件成熟了，就可以大力发展批发了。

白维她们的做法是，设计师一步到位，将原创作品以成衣的形式放到市场上卖。设计师小叶走向市场的做法就没有那么直接，但是她的模式，也值得对市场有兴趣的设计师们学习和借鉴。

小叶在东莞大朗创办了一个工作室，初期专门帮客户设计服饰。比如客户需要10个童装版，提出定位和各种要求，谈好了价钱，小叶及其同事就会设计出15个左右的版，供客户选择。这种操作方法，跟在服装公司做设计相比，一个是自己做老板，一个是帮别人打工，但都是以设计换取报酬。设计师的原创作品，卖给了客户和老板，就不再属于自己了。这时期小叶的工作室，跟众多专门卖版的工作室、服装设计公司是一样的。

后来，小叶的业务范围扩展开来，不限于设计卖版，还兼做打包生产，做成成品交给客户。但这样做，仍然是停留在出售自己作品的层面上。

现在，小叶找到了专门负责拓展市场的合伙人，成立了服装公司，注册了两个商标，分别走实体批发和代理加盟两个渠道。

小叶的这种合作模式，跟“月芝猫原创女装”一样，合伙人之间各有分工。不一样的是，“月芝猫原创女装”虽然是一步到位，但起点较低；小叶前期积累的过程都在工作室，等机会来了，踏进市场的起点就比较高了。

品牌是很多设计师和服装人的梦想。聘请设计师、打版师，以及品牌推广、市场运营等人才，组建一个团队，把样衣做出来，然后参加展览会，或者是自己召开订货会，属于传统做法，放到今天，对新生品牌来说是极大的挑战，成功概率已经微乎其微。传统的品牌加盟模式属于一种强关系，即品牌商与加盟商、代理商是一种捆绑的关系，你加盟我的牌子，就得全盘上我的货，装修全部按我的设计，营销等全部按我的套路来做，违约了就罚你的款，或者我单方面取消合约，并让你承担所有的经济责任。现在的市场，只有少数高端品牌或实力品牌还能坚持这种模式。对于更多创业者来说，打造微品牌是最实际、最理想的原创服装品牌之路。

微品牌，通俗的说法，即品牌商与客户之间是一种弱关系，客户可以选择加盟你的品牌，包括货品、装修、运营等整店输出，也可以只选择你的一部分货品，甚至在你的货品上贴他的牌子，而且这几种合作方式是可以随时变化的。这是一种新型的关系，倒逼品牌商不断地做好产品、服务，以取得和客户更紧密、更长久的合作，实现共赢。

打造原创品牌，不能一蹴而就。我讲得比较多的是“曲线运动”这四个字，意思是说，你得先从零售或批发做起，电商或实体店都可以；从一个店做起，直营和加盟都可以；初期很难做到全部原创，就从卖别人的货做起，再融合进去部分原创作品，不断提高原创作品的比例；给自己时间去积累，包括供应链的建立、团队的打造、渠道的拓展，以及文化的沉淀等。

深圳的何杰，从零售做起，然后转型重点做批发，计划是通过批发，逐步打造自己的原创品牌。她的业务呈多元化，做批发品牌，做现货发到各个批发档口销售，做品牌公司的供应商，打造自己的定制品牌等。

何杰的批发分成两大块：

第一，从批发转为品牌。单一发展自己的品牌，不仅投入相当大，还不保险。一个知名的品牌，不但要大量的广告宣传，还需要有非常好的形象店铺，当自己的品牌还没有被大多数人认可的时候，这样大手笔的投入，失败的概率非常高。

做自己风格的批发，按照品牌的方式去操作，也就相当于是批发市场的品牌商，不但成本低，还可考验这个品牌的市场效应，而且不用担心是否需要广告。成系列的组货对于客人来说，挑起来比较容易，而且质量按照品牌要求来控制，市场在仿版的时候也没有这么容易。二级批发或零售店看中这个品牌的服装，拿货时款式和件数也会相对要得多。

第二，坚持品牌批发方向的同时，做市场爆款。做难度大、品质高的市场爆款，可以避免满市场仿版。要找到这样的爆款是非常花费时间和精力的。首先，既要对市场有深度了解，还需要做流行趋势的分析，也要对这部分高品质客户有所了解；其次，无论是布料的选择，还是做工和版型都高标准、严要求。

何杰打算在未来，品牌和爆款各占50%，原创自主品牌作为一个新的突破口，而爆款则保持其利润增长点。这样就可以做到减少风险去实现自己的梦想。

7

外贸与库存尾货风光不再，新手如何将其做好？

很多人认为外贸与库存尾货比品牌和大路货好做，尤其是外贸货，进价低，有大路货的操作灵活性，亦有高于国内一般品牌货的品质。一直以来，无论是倒买倒卖还是零售，都有人在外贸货上赚了大钱。

其实外贸库存、品牌和大路货，三分天下，都有中间商和零售商创造财富的传奇故事，并非外贸库存货一枝独秀。几年之前，仿牌泛滥，洋垃圾沉渣泛起，外贸货越炒越高，致使外贸库存服装市场越做越烂，生意也没有往年那么好做。最近几年，知识产权保护在加强，外贸货空间趋小，加上供应链模式越来越完善，库存尾货市场的萎缩是必然的。对此，我们看看在深圳笋岗星光市场做外贸原单女装批发、零售的罗勋是怎么说的：

> 外贸尾货生意的兴起是在2000年左右，中国当时正处于“世界工厂”的地位，众多外贸服装品牌在中国代工，产生大量外贸尾货的库存。那时经销外贸尾货利润空间比较大，原因有三：一是当时很多代工方式主要是来料加工，只要能高于代工费，工厂就愿意卖掉尾货，他们不管品牌有多大，面料多值钱；二是当时信息不发达，工厂只负责生产，没有任何销售渠道，怕压仓库，急于处理；三是当时的观点认为，瑕疵品就是垃圾，不会有人花钱来收的，所以只要有人出价就卖。
>
> 目前的情况大不一样了。中国正从世界工厂这种廉价劳动力密集产业转型，再加上劳动力成本上升等各种原因，很多代工厂逐步转移到东南亚一带。剩下的工厂也大都不愿意代工外贸服装，原因是代工要求

工艺高，但代工费还停留在以前的水平。相反，很多国内品牌代工要求没有外贸服装那么高，代工费还给得高。剩下还在坚持做外贸代工的企业，因代工方式的转变，也不再像以前那样低价出售尾货。目前的代工方式，代工企业需垫付资金购买面料和辅料，再加上代工费，出货基本就是成本价了。大多数工厂还由于市场对外贸货的需求量大而坐地起价，在成本价上加一定利润再出货。虽然外贸尾单越来越贵，但是因为供不应求，所以没有一定的关系是很难从工厂拿到尾货的。

外贸尾货价格高了，但为什么还有市场？因为经销商拿货的价格没有虚高的品牌价值，没有贸易商的中间费用，没有正品包装的额外费用，没有正常税收费用等，所以跟专柜价格比起来还是很便宜，只有专柜价格的几分之一，因此还是受到消费者的欢迎。

生意再不好做，外贸与库存尾货也还是吸引着无数新手，其淘金式的发财故事始终保持着独特的魅力。

中山沙溪的库存一条街全国闻名。街上的档口普遍采用整包交易的方式，一两百件一包，里面的货是好是坏，只有付钱开包看了才知道。有人专门做整包转手生意，低进低出。也有人专门做“淘金”的生意，比如说2000元一包，拆开挑出几件好的衣服后，其他的继续打包，以几十元的价格转手出去。而那几件挑出来的衣服，放到自家店铺卖，运气好的时候，一件可以卖到六七百元。

经常有人找我说某厂有一批库存货，价格便宜，大家凑钱把它吃下来，再分销出去，然后分钱。赚钱真有那么容易吗？说实在话，这么容易赚钱的事有，但不多。而且最近几年，外贸与库存尾货的风险是越来越大了。

有库存的地方，别说是几万元、几十万元的货，就算是几百万元的货，只要有利可图，就会有库存商闻风出动。所以要小心了，大部分是有实力的库存商觉得没必要折腾的货，才会放出各种各样的小道消息忽悠其他人来收货。

2009年7月的一天，吴先生打电话给我，说：“一个朋友和他老婆前几天来找我，想拉我做服装生意。他们不知从哪里找的关系，说可以低价拿到阿迪达斯、彪马的服装，跟我保证说是正品，有特殊关系才拿得到的。货可以到苏州看实样，就是一次性拿货比较多，要拿200万元的货。他说他表兄出100万元，他自己本钱不够，想找几个朋友一起做，叫我入伙。另外他老婆开网店卖衣服，去年7月开的网店，到10月本钱就全回来了。我想问一下，卖这些货风险大不大，会是骗局吗？”

一周之后，吴先生又来电话了，说：“昨天晚上，朋友又找我聊了一会儿，就是拉我去吃200万元阿迪达斯、彪马尾货的事，他说40元一件，5万件，不是齐色齐码的，也不知道多少个版，是两三年的库存，去看货可以，但不能自己挑，由对方配货，有的有吊牌，大多数没有，包装是简易的塑料袋。他说走货可以靠实体店，也可以靠网上批量走，两年走完没问题。我最担心的就是走货的问题，不想做，可我得说服他，可以帮我给个一针见血的理由吗？”

我对吴先生说：“版太旧、码色不全、数量太大，跟高仿品比起来根本没什么优势，买家也不会相信是真品，卖不出好价钱。不要把它当真品，把它当库存品、当高仿品，40元的价格一点优势都没有。”

还有吴先生的朋友说到“两年走完没有问题”，整件事情，最大的问题就出在这句话上。他凭什么说“两年走完没有问题”？如果走不完，他能担保投资人丝毫无损吗？说这话的人，把这笔生意当作儿戏。如果这纯粹是一场骗局，那后果就更严重了。

2009年11月，常熟国际服装城就有几个做外贸库存服装的老手上当受骗了，其中有一个一次性被骗了50万元。他去看货的时候，货是好的，等上货的时候他没有现场监督，结果给人调包了。拿回去的货，都是一文不值的垃圾货。

吴先生不参与这场游戏，我认为是明智的选择。一些中间人，以暴利为诱饵，忽悠别人吃厂家和品牌公司的库存尾货，说商场几百元、上千元一件的货，库存才十几元、二十几元一件，利润空间大；说这个库存信息是因为大家熟了才告诉的，机会难得。

纵使有无数个上当受骗的前车之鉴，后面的人还是一个接一个地掉进圈套里，新手老手都有，新手占多数。他们少的亏几万元，多的亏十几万元。

有的人受骗后，不甘心亏本甩货，自己摆地摊，一天走几件。两三万件货，照这么摆地摊，黄花闺女也能熬成老婆婆了。

顾鹰经营两家外贸原单女装实体店三年多，之前有十多年的服装外贸公司的工作经历，目前店里的货品，一大半是他熟悉的外贸工厂的原单尾货，一小部分来自于广州、深圳、杭州、上海等服装批发市场上专门做外贸原单货品的档口，还有一些来自于外贸论坛和微信朋友圈认识的朋友之手。

顾鹰对外贸原单货品货源市场有如下看法：第一，在一些城市的传统服装批发市场里，有不少专业的外贸服装批发档口，这些商家经销着各地外贸服装生产工厂提供的尾单尾货，也经销时尚的欧美大牌的仿制品；第二，一些外贸工厂有专门的转内销部门，以工厂尾货仓库和工厂店的模式，直销自己生产的货品，以及相关协作工厂生产的外贸原单尾货；第三，不少拥有外贸公司、外贸服装工厂信息和货源渠道的公司和个人，会通过相关专业论坛和微信平台，发布货源信息；第四，走货多是B2B平台，以及其他网批批发渠道。

外贸原单尾货市场渠道错综复杂，货品良莠不齐，如何鉴别真正的外贸原单？顾鹰认为有两个方面比较重要：第一，要熟悉目标品牌，包括款式风格、面辅料、缝制、针脚、唛头、吊牌、商标、内外包装、专卖店及官网发布的款式等各种细节。做到这样，在拿到相同品牌的所谓原单货品时，就会比较敏感地区分出是原单还是跟单、仿单。第二，从供货渠道上看，每家外贸服装工厂都有自身的强项品类，每家外贸尾货的贸易商在经营批发生意时，都会依赖于自己掌握的强项货品资源，通过渠道分析，帮助鉴别和确认货品。

此外，关于外贸女装店的经营，顾鹰分享了他的经验，希望对同行及新手有所帮助。

1. 确定经营货品的风格，围绕风格，去开拓货源，理顺货源关系，这样整合的一盘货就不会走调。和所有服装一样，外贸原单尾货的风格特点各

有不同，根据其出口地区和品牌特点，风格大致可以分为通勤、白领OL、日韩森女系、英伦校园、休闲等。其中休闲类还可以细分为运动休闲、家居休闲、通勤休闲、街头风等。

2. 突出每季的单品强项。对每季热销货品的货源，一定要加强开拓和准备充分。比如，春秋季的针织衫、风衣、外套等，冬季的羊绒大衣和皮装皮草，一年四季的牛仔裤，夏季的T恤、衬衫、连衣裙。在突出单品的同时，加强基础款的准备。另外，要准备与服装风格相适应的鞋帽、包包、围巾等货品，促进连带销售。

3. 每次组织来的货品，尽量要拿到原单的官网图、专柜卖价等资料，有助于货品价值的塑造。

4. 销售中突出原单货品的稀缺性和唯一性。

5. 不断向目标客人介绍外贸原单的品牌知识，培育客人对外贸原单货品的认知和认可。

8

品牌加盟是馅饼还是陷阱?

湖北襄樊的周先生，想自己做点生意，他先后了解过三九日用品、贝因美婴儿用品和××恤服饰的加盟情况。

××恤服饰免加盟费和保证金，3.7折拿货，提供货架。代理商说开个专柜在10万元内就可以了，没有经验也无所谓，他们会手把手指导，还说专柜开在百货商场里，商场人员也会帮忙管理，加盟商只要到武汉进货就行。周先生考虑再三，决定加盟××恤服饰。

代理商原来是做牛仔批发生意的，赚了些钱，觉得没有太大发展空间了，就转型做品牌服装，2008年5月拿下了广州××恤服饰的湖北代理权。周先生6月初跟代理商接触。代理商刚拿下代理权，雄心万丈，跟周先生大谈××恤品牌的历史和前景，恭维周先生有眼光有魄力，能抓住机会，成为头一批加盟商。代理商说，以后加盟店多了，再想加盟就不是10万元能拿下的了，光加盟费和保证金就得十多万元。

看到同一时间来谈加盟的人有五六个，周先生为假象所迷惑，也未去其他地方考察××恤专卖店的情况，就做出决定了。

对于百货商场的加盟运作，周先生一窍不通。代理商提供了一条龙的服务，陪周先生找地方，最后共同决定选择××购物中心。购物中心周边虽然有沃尔玛、麦当劳、肯德基，以及高档住宅小区等，但这是一个新商圈，购物中心开业一年有余，人气还不是很旺。

商场工作人员说很多品牌准备入驻，原来三楼的著名运动品牌到8月份要整体搬到四楼去，目前四楼有361°、乔丹、七匹狼、英格兰、花花公子等品牌。如果××恤进驻四楼，6月中旬开业，等到8月份，生意不好都难。

听工作人员这么一说，周先生就要了四楼81平方米的位置。商场的进场费5000元，保证金5000元，扣点23%，每月管理费、促销费等加在一起800元。合同是以××恤公司的名义和购物中心签的。

位置找好了，接下来周先生又和代理商签了一份合同，1万元的货架押金，两年内退还，现款现货，首批货100%换货……

万事俱备，只等开业了。去选货时，周先生才知道产品没有全国统一的零售价，所谓的吊牌价全是湖北的代理商自己打印贴上去的。这样的3.7折来得真是不明不白。

周先生的专柜6月18日开业，当月营业额不足2000元，还都是6折左右卖的。做了大半年，最高一个月才做到1.3万元。这样的营业额，连本钱都保不住。营业员的工资还要周先生拿现金来支付。而且因为合同是品牌公司和购物中心签的，所有的营业额都要先打到品牌公司那里。

生意不好，打电话向代理商反映，他们就派个工作人员过来，东看看西看看，然后说货品不全、人流量不大等。商场说8月三楼的运动品牌要整体搬迁，但合同上又没有写，结果没搬，导致人流量不大，周先生也无可奈何；××恤的货品那么多，要是什么都上全码，光鞋子就是六百多双，但是商场没有人流量，谁敢上那么多货？

代理商运作失误，使××恤品牌在七、八月开的专柜无一不在亏损，导致他的资金出现问题，秋冬换季的新货迟迟上不了。直到12月，代理商才有几个冬款发过来，而且价格很高，套装进价要到350元。

到了2010年3月，周先生实在是撑不下去了，和商场说要撤柜。商场一级一级地签字，等到5月中旬才把专柜给撤出来。

周先生总共投入17万元，现在只剩下8万元的货品了。品牌加盟之路多坎坷，周先生总结了一下，给大家几条建议：

1．做生意一定要把主动权掌握在自己手里，尤其是资金。能不和商场打

交道就不要打，资金够的话自己开个临街店要好些。

2. 好的位置太重要了。要多考察，只信自己看到的。

3. 所有口头上的东西都是不靠谱的，白纸黑字最好。

4. 千万不要轻易进入你一点都不懂的行业。

像周先生这样加盟品牌，与商场的合同竟然以品牌公司的名义签订，营业额又是先打入品牌公司的账户，所有的货品没有公司规定的全国统一零售价，由代理商自行打印，冬款货品到12月才有少部分供应等，这些事情看上去很荒谬、不可思议。但现实的情况是，加盟品牌的猫腻，还有比这更荒谬、更不可思议的。

另外，周先生的几条建议也只是他个人总结的经验教训，远远不足以防范品牌加盟的陷阱。关于品牌加盟要注意和防范的事项，我在后面的服装经营故事中会详细地讲述。

9

洗牌不可避免，实体二级批发出路在哪里？

小孙做牛仔裤二级批发（以下简称“二批”）五六年了，都是在沙河进货，平均每个月能卖五六千条。店铺的规模不小，请了3个店员，算上小孙和他老婆，共5个人。他之前一直保持20%以上的毛利，但从2009年上半年开始，进价高了，往年有25元的货，2009年基本上见不到低于30元的了，致使毛利跌到10%。小孙坐不住了，每半个月跑一次广州，每次都待上两三天，希望能找到又好又便宜的货。

多跑两次，也是徒劳，市场上的货都摆在档口上，看来看去都是那个价格。8月初，小孙打电话问我，新塘和中山市场如何。这两个地方的货，都往广州输送，如果只是找货，去新塘和中山没有多大意义，但小孙还是抱着一丝希望到中山去了。我叫中山的朋友带他逛了服装市场和尾货一条街，他没有发现什么亮点。

看来在市场上是找不到有优势的货源了。小孙做了一个决定，自己下单给工厂做。在中山，他谈好了两家工厂，每个版200条起做。在批发市场，一个版可以十几条、几十条地打货，好卖了就补货。他自己下单订的货，一条裤子的成本在25～30元，一个版至少需要投入5000～6000元，要是看版不准，赔钱可就多了。

12月底，我问了小孙的经营情况，他一五一十地跟我说了。

1. 开始是把图片发给工厂做参照，做出来的货品都会有色差。后来，全部改成提供实样做版。

2. 开始全部是自己提供版，每个版下单至少200条。后来，自己提供版也有，工厂提供版也有。自己提供版有时下单150条，工厂也可以做。工厂提供版，下单可以减少到100条。

3. 业务往来几次之后，在资金周转方面，工厂会给予适当支持，货款可以在收货后一周内结清。

小孙与加工厂经过3个月的磨合，总算是成功转型了。他在9月申请了“飒丽阁”商标。在品牌经营方面，因为在成本上有优势，他找到周边服装市场的一些批发客户，把品牌做起来。同等货品，他的货可以跟沙河的同价，或者比沙河的少一两块钱。

随着物流的发展、二批市场的过度扩张，二批的地位很尴尬。二批从批发过渡到批零兼营，零售比重越来越大。在这样的危机下，越来越多的二批以变求生存、求发展。

小孙从二批转型为直接下单加工，实质上是升格为一批了。这种模式，是众多二批老板发展的一个方向。

我们把目光从2009年投到2014年。沈阳五爱批发市场的李洋，以往店铺平均每天的营业额2万元左右，一年下来700万元很正常，按30%的毛利率计算，约有210万元的毛利，减去租金、人工等成本约100万元，还有110万元的纯利。最近两年营业额在萎缩，每天平均1万元左右，他的利润空间可想而知。这里的算法还不包括积压货品低于成本甩货所致的亏损。新款第一批货都是空运，开批头三天看效果不好，第五天就得甩货，还有的甚至是早晨上新下午就甩货。为什么？因为别人跟货很快。

二批的传统模式是，从一批市场或厂家进货。供应商大都会进行控货，零售商大部分只有到二批市场进货的渠道，因此二批有着很好的赚钱环境。从2009年开始，网络批发逐步发展起来，2012年散货界买手群体的春天来临，2013年微信批发发展迅猛，网络批发更是发展到一个新的阶段，他们以最快的速度提供给零售商最新的信息并发货，其速度和价格都比二批有优势，有的甚至可以一件代发。

整个二批市场已经进入款多量少的时代，但二批基本上要达到一批的最低要求来打货，如五手、十手等。有的二批为了控制成本，去工厂下单生产，但是做时装没有好的版和稳定的厂家，供应速度就跟不上，所以像这种类型的二批越来越少。而二批另一端的零售店客户，退换货比例在增加，很多都是卖完结账。零售商选择进货的渠道多了起来，二批市场就变得很尴尬了。

在北京大红门商圈做了11年批发的李忠良认为，以他们为代表的二批，重产品但无商品组合观念，善于交易却不擅长营销，了解客户需求却不了解终端市场和消费者的需求，会做生意却不会管理和运营，重短期利润而忽视长期发展。归纳起来就是，一、对未来心存侥幸，忧患意识不强；二、对企业管理和营销一知半解；三、对品牌经营局限在产品交易的层面上；四、学习欲望不强。

二批市场的未来怎么样，众说纷芸。

北京动物园商圈的二批熊杰说："二批市场不会因为网批的发展而消亡，但市场规模缩水是肯定的。服装不是面膜，不是化妆品，服装存在着版型、面料、颜色、做工等方方面面的具体细节，所以很多客户还是愿意亲眼看到版、看到实物才拿货。而且在调换颜色和残次品、滞销品的服务上，二批的优势还是很大的。如果客户没有其他渠道的更好的供货商，他们还是愿意来二批档口实地拿货。"

十三行买手孙新红的观点与熊杰的不一样："目前二批唯一的优点就是可以提供退换货服务，但是如果网批也提供这些服务，二批就优势全无了。由于二批市场同质化和比价严重，场地有限，款的数量和更新速度比不上网络，以及市场的人流越来越少，大部分二批市场会变成零售市场。"

深圳南油市场的一批何杰说："二批市场这两年处于洗牌的状态，一些商家会彻底消失，一些商家会做得更好。更多的商家很有可能转化成零售批发一起做，用批发的价格做零售。还有就是慢慢也变成电商和实体批发结合为一体。"

那么，他们对二级批发商的出路又有何看法呢？

李洋觉得二批是一个很好的O2O平台。线上有推广，线下有自然流量；线上是云市场、云货源，线下做好服务，如试穿体验，退换便捷，提供色彩搭配、形象顾问、休闲娱乐等服务。

最近几年，不少二批利用常驻广州的机会，结合自己在一批市场拿货的优势，以及在二批市场的渠道优势，做起了网批、买手。熊杰是其中的一个代表，他一直在利用微信做批发，最近又开通了诚信通店铺。他说："走出档口，走出市场，赢取顾客。把二批档口作为一个吸收、服务客户的窗口，比单纯的网批多一些优势。同时和其他市场的二批结成联盟，抱团合作，如找版、做货等。"

孙新红建议二批："重点打造销售网络和渠道；多渠道运营，自营网店、零售店，或者和网店、零售店加大合作力度；了解最新的市场信息；和市场前沿的买手合作；和当地的工厂合作，进行小批量的生产加工。"

李忠良认为："打造专业批发市场品牌，包括卖场装修、营业秩序、员工形象、服务质量的改进和升级；提升二批商家的企业形象，重视公司化管理；做好采购管理，引进买手机制；对产品进行二次包装，突出自有品牌。"

何杰的看法："做一个买手型的老板，或者选择和眼光好的买手合作，提高组货水平，始终坚持一个店铺的风格特点，坚持下来，积累一批忠实的客户（如果只跟爆款，客户的延续就比较困难，因为当别家也有同款而且价格便宜的时候，客户的流失是必然的）；抓住一批市场调换货的难点，放大二批市场的优势，对客户全部换款（建议有一个好的买手团队，以降低库存成本）；海外采购；和适合于自己的品牌锁定合作关系。"

四川宜宾"衫衫缘"的老板王先生，因为店铺的位置不好，为了分流批发不掉的压货，摆起了地摊。他现在有一个批发店铺，加两个地摊。他的模式，使一个门外汉从困境中走出，并发展起来。

王先生把自己定位得很低，觉得笨鸟应该先飞，才不会被市场淘汰。他的规划是，批发店+零售店，零售店采取连锁的模式。零售店的货品成本是批发店铺的底价，中间少了一个环节，其利润率更高，价格方面的竞争力也比其他同类店铺更强。批发店有连锁零售店作为基础，就可以大胆地备货。充足的货品，可以促进批发生意的扩大。生意做大，压货多，可以通过零售店来分流压力。

此外，王先生几年来积累了不少熟客，既可以发展他们加入连锁同盟，也可以将自己的压货在淡季时低价抛给他们。

王先生认为这是一种良性商业模式，只要不一下子把摊子铺得太大，求稳定发展，还是可以控制风险的。

| 第二章 |

找准生意的起点

1

为什么说定位和选址错误是服装店失败的开始?

· 那条街有太多人卖服装了，我想把店开在还没有服装店的地方。

一条街几十家女装店扎堆，如果大家的生意都不错，那么，这个商圈的服装店“多一家不多，少一家不少”。这时，我们考虑问题的重心应该是找到有特色的货品，要么定位为其他店的补充，要么定位为直接抢别人的客源，而不是浪费时间另寻新址。

一条街几十家女装店扎堆，如果大家的生意都很萧条，那么，这个堆也扎得过多了。这时，新手要谨慎加入。我听说湖南某县，仅县城就有近千家服装店，一年有过半店铺转让或关闭。

赚钱锦囊

服装生意的选址有四类地方：商业中心区、高密度高增长居民区、交通便利的地区和成行成市的地区。高密度高增长居民区、交通便利的地区就是冲着人流量来的；商业中心区既是冲着人流量，也是冲着服装店扎堆来的；成行成市的地区，通俗地讲，就是服装店扎堆的地方。开服装店特讲扎堆，但是不能乱扎一通，要扎得准。

参与问卷调查的62个店主，他们店铺的商圈分布情况：一级商圈24个，二级商圈17个，三级商圈7个，其他区域14个。

在这里，一级商圈，指城市（区）最繁华的商业区域；二级商圈，指城市（区）次繁华的商业区域；三级商圈，指城市（区）一般的商业区域；其他，包括普通街道、社区、菜市场、工业区、校区等。

千万不要持着一定要做服装生意的心理，而去新的商业开发区选一个店铺将就着做。通常新址的顾客群需要从零开始培育，风险大，让人看不到希望。要知道，选好一个小店，好过做一个大铺。

· 一条街几十家服装店都是卖中高档女装的，我的店是不是一定要这样定位呢？我是不是要选择童装、老年装呢？

在女装一条街卖童装和老年装，货品类别完全不一样，根本无法分享这条街培育起来的女装顾客群。如果这条街的女装定位中高档，新店定位中档或高档，对中高档是一种补充；但若把新店定位在低档，那反差就太大了。

服装生意，定位是首要问题。一家店高中低档的衣服全卖、在菜市场旁边卖中高档女装、在高档商场卖地摊货等做法，都是定位不对，就算在销售上使出浑身解数，也往往事倍功半。

大家都知道，进好的商场，做好的品牌，营业额就有保证了。按道理，好的商场，定位高，门槛也高，会对入驻品牌进行严格的审查，商户找不到好的品牌是很难进去的。如果连三线都算不上的品牌能轻易进去，那么商场方面就有猫腻。

广东惠州的周豆豆，从来没有做过生意，也没有商场方面的关系，但她还是进了市中心的一家商场做专柜。惠州地处珠三角，其城市中心位置的商场，按理说等候入驻的品牌得排长龙，可是周豆豆为什么能轻易得到呢？

规划不好的商场，少不了其他商户都看不上的垃圾位置。而周豆豆想法简单，做事冲动，就把这样的位置要过来了。

接着，周豆豆去找品牌。可是，真正做市场的品牌，一样会对专柜、专卖店的位置做审查，哪怕是进驻再大型的商场，也不会把自己扔到垃圾位置。那段时间，周豆豆因为找店铺和品牌花费不少时间，人比较累，最后将就加盟了深圳一个不入流的品牌。品牌为时尚淑女风格，春夏装吊牌价是258～418元，秋冬装是258～800元。

常规程序是，先试探性地跟商场就入驻问题进行沟通，然后去选择品牌，将品牌的资料递交给商场，等到柜台调整的时候再由商场来安排。像周豆豆这种先锁定位置再去找品牌的“待遇”，还真不多见。

可能是有大量一、二线品牌支撑门面，商场又想把垃圾位置租出去，并认为一个普普通通的品牌不会影响到其商业地位，于是，就与周豆豆和不入流的品牌进行了一次失败的合作。

周豆豆的专柜因为位置和结构问题，没有办法设试衣间，试衣时只有拉窗帘布。而且商场出于整体环境的考虑，规定这个位置不可以像别的专柜，设置可以把衣服陈列得高高的货架。专柜面积太小，只有13平方米，仅仅放得下3个货架。为了充分利用空间，货架得做成双排的，一共挂了160多件衣服，很挤。

这个商场的定位是中高档消费，一个没有专门试衣间的准三线品牌专柜，明显与商场的定位不符。环境、货品、服务等都跟不上档次，来试衣的顾客寥寥无几，成交的概率自然更低。周豆豆做了7个月，虽然经常搞活动，但业绩始终上不去，一直亏损。

像周豆豆这样，在大商场拿了个垃圾位置，加盟一个貌似大路货的品牌进驻，定位一错再错，生意不好是正常的，生意好才是不正常的。

规划不好的商场何止是周豆豆入驻的那家，我也曾经在一家规划不好的商场开过卖场，看那些位置不好的商户走马灯似的换了一拨又一拨。也别期望商场会做出整改，它收取一楼临街铺面的租金，远远超过了承包整栋大楼的租金。何况，即使那些位置不好的商户生意再差，想入驻商场的生力军还是源源不断的。

虽说凡事没有绝对，也有人突破常规获得成功，但各种问题必须得到正视和解决。如果无法解决伴随着某种选择而出现的问题，那就不要硬着头皮上了。在条件不成熟的情况下非要做服装生意，最后亏得一塌糊涂，何苦呢?

2

老商场没位置，新商场有风险，还能找到又好又便宜的店铺吗？

黑龙江的李先生是一个童装品牌的市级代理商，现在正忙着运作自主品牌的事。他回想当年刚刚进入服装行业，因为没考察新开的商场，差点赔个精光的那段经历，感慨万千。

开店铺货品很重要，而且还要看位置。认为酒香不怕巷子深，随便找个地方就能做，这样未免把服装生意看得太简单了。我刚开始做童装生意，代理一个品牌，进了一个新开业的商场。因为没有对商场做任何考察，差点赔个精光。幸好我代理的品牌不错。

以前商场少，新商场很容易旺起来。现在商场多了，绝大部分新商场刚开业那段时间，人气很淡。究其原因，一是新商场需要跟很多老商场竞争，老商场长期培育的顾客群体，忠诚度高，不易动摇；二是新商场培育顾客需要一段时间；三是新商场为了挣钱，招商的时候只要把铺位租出去就行了，而不管来的是些什么人。

新商场的商户参差不齐，卖什么的都有。如果没有一些大户入驻，会有吸引力强的商品吗？就算有几家，也很难把场面撑起来。

我开始进的是××商场，去年被××集团收购了。这个集团的管理层对商场的运营研究得十分透彻。他们开始整顿商场，把没有实力的品牌和商户全部清理出去，重新招商。后面的招商，不是商户交钱就可以进去的，商户所有的商品，都要经过严格的审查。我因为代理的品牌知名度不错，才没有被扫地出门。

过了好长一段时间，才把人气拉上来。那段时间，天天搞“买500返300代金券”之类的活动，可把我坑苦了。我的专柜面积是50平方米，刚开始进了10万元的货，加上装修费3万元，初期投入就是13万元。这个品牌，大童、中童、小童等一系列货品都有，10万元的货在50平方米的地方根本铺不满。开业的时候正好是刚入冬，后面又花10万元上了两次货，才把店铺满。都上20万元的货了，必须得卖出去，想不搞活动都不行。

就这样卖货上货，挨过了第二年夏天。那时，夏装、冬装的压货将近 20 万元，专柜的位置还得继续占着。商场和品牌公司都有营业指标，公司的指标完成不了，随时有可能终止合作；商场的指标完成不了，就会被清理出场。这样的后果就是，近 20 万元的压货有可能全变成垃圾。所以，货还得继续上继续卖。实在是被逼得没有办法，我再去 ×× 商场开了 36 平方米的专柜，专门清货。就这样折腾，两年时间才缓过劲儿来。

李先生的折腾还能起死回生，但并不是每个人的折腾都会有这样的结果。

新的商场，大都以优惠的条件吸引商户进驻，甚至不惜大做特做虚假广告，说什么麦当劳、周大福、耐克等进驻。开张了，大牌的鬼影都没有一个。商场做不起来，商户最后顶多能拿点货出来，其他的入场费、保证金、装修费、品牌加盟费等，全打了水漂。商场做起来，一铺难求，扣点等各项费用水涨船高，商户的利润空间始终被商场算计。做起来的商场，里面商户的生意再不好做，仍会有大把人排队等着入驻。

我也做过品牌专柜。在××市，人流较旺的商场就那么几家，由于想做服装生意的人太多了，所以排队总轮不到我们。等了一年还等不到，我就选择一家新开张的商场。结果，做不到5个月就撤了。这家商场也是跟其他老商场一样，在市商业中心，而且还是在步行街街口第一栋大厦。新的商场，除了有李先生所说的进驻品牌参差不齐、顾客群一片空白等情况外，商场单层面积过小，且呈狭长状，人流聚集不起来，也是影响生意的重要原因。

商场有两层做品牌服饰，最后全倒了，大牌的优势也斗不过位置的劣势。我做之前考虑到是新商场，采取了比较保守的做法，选择无加盟金、保证金的品牌，一旦商场旺起来了，这个品牌不行我就换别的品牌做。上货的时候，我也十分小心，往最少的量靠。最后压货才3万多元。全部算下来，我亏了5万多元。

老商场没位置，新商场有风险，怎么办？如果不做服装生意，就没这个烦恼了。如果硬是要做，那就赌一把新商场。不过，要做好亏钱的准备，亏的话，尽量做到不要亏得太多。

山东的葛大玮、谭爱玲，以及河南的张小嵩，都是刚入行的新手，他们的选址工作做得比较谨慎、细致，最终选定的店铺不但人气旺，而且费用低。这为他们迅速赢利奠定了基础。

葛大玮所在的商场在批发商圈里面，原定位为批发，但做不起来，反倒是零售做起来了，人气很旺。店铺由商场统一管理，没有转让费。商场的结构呈“回”字形，葛大玮最初的店铺在中厅边上第二排的位置，面积不到30平方米，年租金11万元。因为原店主是中途退出，葛大玮只需交半年租金5.5万元。装修为简装，而且是找熟人帮忙，总共花了2.5万元。货品定位为中高端，重陈列，款多量少，9月初开业，上的全是秋装，首次进货才2万元。店铺初期的投资七七八八加起来10万元出头，当年冬天不但收回了全部投资，而且有不错的盈利。次年春节后，葛大玮换了新店铺，就在中厅边上第一排，两个店铺一起拿，打通连在一起，共60平方米，年租金28万元。由于店铺位置不错，而且经营有方，新店铺第一年的营业额就达到220万元。

谭爱玲觉得好的商场租金高、一铺难求，而新商场风险大，于是把目光投向街店。一开始，谭爱玲把目光锁定在人流多的闹市区，但是那里仍然存在着租金高、一铺难求的问题。有一天，她和在闹市区做生意的一位老板聊天，发现一个问题，就是街上熙熙攘攘的人虽然不少，但是构不成有效人流。这时候，谭爱玲感觉有必要换一下思路了。她把目标位置放到闹市的周边。她现在的店是临街的，在闹市出来的拐角。这条路是主要通道，人进闹市区的时候会经过这里，两头各有一所小学，不远处还有一所高中。这也是女人常来往的地方。谭爱玲还试着从不同的地方走到这个位置，感觉还是挺顺的。蹲守观察人流量，也不错，就看自己怎么把他们变成自己的有效人流了。店铺十几平方米，年租金2.8

万元。谭爱玲总投入4万元，经营库存尾货，2013年6月淡季开业，一直到现在每个月都是赢利的。

张小嵩开临街店铺的总投入也是4万元。假期时，他每天骑车在街上转。位置好的地方，转让的店铺不少，但是租金都太高了。他在无意中发现一家水果店转让，店铺两边分别是卖水果和副食的。当时身边的人都说位置不行，但是张小嵩觉得不错，首先是位置处在县城的闹市区，人流量大，到晚上的时候还有人，不远处都是开店卖衣服的；其次是价格，没有转让费，18平方米，每年1.8万元的租金。开店之后，他也是每个月都赢利。后来，张小嵩对面和旁边的店铺也陆续改为卖服装的了。结果证明他的选择是对的。

何杰不算是新手了，她选址有自已的一套方法。

2014年5月，何杰带我去看她在南油的各个店铺。南油商圈的西边，在缤纷泰力市场的斜对面，有一个海虹商场。因为海虹处于商圈的边缘地带，两年前刚开业那会儿，商铺并不热销。何杰告诉我，有一天她散步到这里，看到海虹还剩余几个商铺，她一口气买了三个。她的理由是，首先，海虹的正对面，也就是缤纷泰力的旁边有一家七天酒店，是商圈内唯一的一家酒店，外地的店主来南油打货，大部分都会选择住在这里，闲暇的时候，肯定都会到海虹逛一逛；其次，那时海虹的商铺价格并不高，而核心商圈的商铺租金不断攀升，因此海虹升值的空间很大。

何杰在海虹的三个商铺，有两个做仓库用，只有一个开店用。店里的货品与她在核心商圈卖的货品有所区别，价位要低一些。平均每天都有五六个成交的客户是在七天酒店住的。何杰说："等海虹旺了起来，熟客也积累得差不多了，就把这几间商铺租出去，我就在写字楼卖货了。还有就是把货发给别的档口，让别人帮卖。"

3 开店前，先确定店铺还是先确定货源?

要卖服装，是先确定店铺还是先确定货源呢？对大多数人来说，得先确定店铺才能确定货源。因为，店铺是卖方市场，货源是买方市场，货源容易确定而店铺难找。货源无非就是两种途径，一是加盟，二是散货。散货是相对于加盟专柜和专卖店而言的，不光指大路货，还包括各种可以组合销售的品牌和外贸货等。

虽然说要先确定店铺，但店铺与货源的考察工作不能完全割裂开来，得同时进行，以便不断地调整定位和方向。

大部分人确定店铺，也是根据货源的定位，比如说你想做中高档品牌，就会在商场和同等商业定位的街区选址，而不会去菜市场周边。只有少部分人认为能卖服装就行了，至于卖何种定位的货品，则全由店铺的位置决定。

有一种情况，我还是头一次碰到。四川宜宾的王先生，没有想到一定要卖服装，就租了店铺，租店铺的同时决定了他必须卖服装，而那时，他对货源市场一无所知。让我们来听听王先生的服装经营故事。

我一直都打算做生意，其实也没有想过一定要做服装。有一天，我闲逛到服装批发市场四楼，看到有门面转让，就随便一问，价格不贵，转让费才5000元。其他地方店面的转让费都要好几万元。我的本钱少，想想要做生意，只能在这儿起步，于是当场决定把门面接过来。

当天，我问老家镇上的朋友什么好卖，他说学生装，于是我就决定做学生装批发。第一次进货时，还是一个朋友带着我去的成都荷花池批发市场。

那次进货不懂行情，我是做批发的，应该问装包多少钱，而不是问对方批多少钱。几个老板看我是新手，给的价格都比较高。那次进货款式多、量少，碰到几个好看的款式，但是只有亏本或平本批发才能抢到买主，也没赚到钱。

第二次进货，进了毛衣和棉衣，棉衣也没赚到钱，是亏本卖的。到了第四次进货，是2007年11月中旬，全部进了毛衣。因为毛衣价格波动不大，而且不易过时，就这样坚持到现在。

2007年是亏本的。幸好去摆地摊，不好卖的都在地摊上处理了，才亏得少。2008年夏天卖T恤，货便宜，压货也好处理，全年除去开支，不仅收回了当年的投入，还赚了些存货。2009年的利润要高些。

对我来说，这两年多的生意算是成功的。我在没有服装经营经验、没有熟行的朋友指点的情况下，又碰上金融危机，能做到总体赢利，很不错了。做服装生意一定要能吃苦，碰到有困难的时候，多想些办法。我相信只有倒霉的人，没有倒霉的货，所有的压货，我都是通过地摊销出去的。

王先生的店名叫“衫衫缘”，冬天批发毛织，夏天批发针织。批发市场在宜宾市中兴路，靠近市商业中心区，地理位置不错。但他的店铺楼层太高，在四楼，而且没有电梯。当初王先生只有4.5万元资金，就是图转让费低、租金便宜（2640元/年）、押金低（660元）才接手的。王先生说，现在就算不要转让费，他也不会选择在四楼。

王先生经营服装，有些运气的成分。不过，看似乱打乱撞的过程，其实是在不断调整货品的定位。运气好，在于他“撞”对了定位。

他开始进货没有定位，自己认为好看就拿，男女运动装、休闲裤、牛仔裤和毛衣等都拿过，后来才知道做得太杂了。

但是，店铺位置不好，光是不断调整货品定位，恐怕情况只会越来越糟。王先生挨到今天的关键，是不怕辛苦，坚持摆地摊。否则，早就关门大吉了。他首批进货约2万元，有一半是通过摆地摊处理的。

4

人流量大，生意就一定火爆吗？

我们在选择店铺位置的时候，最关心的是人流量。人流量不大，客源就没有保障。并不是每个人都能做到像“衫衫缘”的王先生那样，可以通过摆地摊来弥补店铺人流量的不足。

2005年9月，张先生在东莞市某工业区的商业广场开了一个500平方米的卖场。工业区之前的商业街，由一排排民房的店铺组成，商业广场的开业，提升了工业区的商业档次，一下子就把人流吸引过来了。加上9月、10月服装换季，张先生的大卖场生意十分火爆。

张先生雄心勃勃，准备开第二个卖场。他认准一个道理，人流量大的地方，生意一定能做得起来。

几公里之外的另一个工业区，正好有一家商场在招商。谨慎起见，张先生和股东一起，在下午5点到10点，连续3天，到新商场附近考察人流量。这个时间段正是工业区下班高峰期及人员夜间活动高峰期，张先生观察到的情况是“熙熙攘攘、水泄不通”。

于是，他们决定投资。第二个大卖场在商场的三楼，面积600平方米，12月初开张，在2006年春节前的两个月时间里，营业收入十分可观。

没想到2006年春节之后，两个卖场的经营状况发生急剧变化，每个月都在亏损。

第二个卖场所在的工业区，道路两旁又开了几十家服装店，面积从几十平方米到300平方米不等。有一家同等规模的商场在6月开业，服装卖场的面积有1000平方米。更恶劣的情况是，7月开始，商场后面的一栋工业厂房动工改造，准备做商业广场，服装卖场就规划在一楼。张先生见势不妙，于8月底把卖场撤走，总共亏损60万元。

第一个卖场所在的商业广场，接连进驻了五六个规模不相上下的卖场。在工业区里经营的服装都是中低档水平，利润不高，加上互相压价，每个店竞相搞促销活动来抢生意，"最后三天清仓"这种情形，天天都在火爆上演。张先生的卖场入不敷出，11月中旬，被迫关掉。同一个月的时间里，还有两个服装卖场关门。

选择人流量大的地方开服装店没有错，张先生的货品定位也没有错。可是张先生的卖场还是做一个倒一个，看来人流量不是决定店铺选址的唯一因素，更不是决定生意好坏的唯一因素。

选址的时候，要考虑全面、周到、细致，忽略其中任何一个因素，都会给日后店铺的经营带来极大的困扰。

在低端的商业区卖低端的货品，准入门槛非常低。人们喜欢扎堆，看到别人赚钱了，自己也去凑个热闹，想分一杯羹。你的投资大，要赚100元才合适；人家投资小，能赚二三十元足矣；更有甚者，就为赚个伙食费，也来搅和一下。结果是一起把市场做烂，大家都在亏本中挣扎。

一位朋友跟我讲述过他找店铺的故事。

我刚准备进入服装行业的时候，咨询了好多朋友，又结合自身的一些情况，觉得可以干，于是按部就班地开始了。第一个难题就是找个位置好、人气旺、交通便利的店铺。可是我发现，这样的店铺不止我一个人想要。

前几年，我考察过一个大学聚集的商业旺地，店铺没有一个转让的。现在去看，里面××运动品牌的专卖店最多，该品牌野心很大，恨不得每隔几十米开一个店，要把客人吃尽吃绝似的。别的运动品牌也有很多。此外，达芙妮、七匹狼、劲霸等各种品牌专卖店亦是云集。该商业区虽然档次提升了，但生意却萧条很多，让人看了寒心，不敢介入。

太差的店铺不敢要，好的店铺轮不到我，怎么办？人气或交通便利，最少也要拥有其中一项吧。做生意刚开始什么最重要？也许有人会说诚信。但我认为，对新店来说，人气要先于诚信。

我后来进了商业中心的一个商厦。服装店铺全部在四楼，但整层还空着一半。商场本来想保护服装商户的利益，另一半规划做其他行业。等商场招商完成了，我们才知道开的是餐饮区。商场曾经承诺取消餐饮区，但是观察一段时间之后，反而将其扩大了。原因是餐饮越做越旺，服装生意却陷入无法经营的境地。

成都的李先生原先有两个批发档口，一个在青年路，一个在荷花池，后来青年路的市场拆迁了。2009年，荷花池在修地铁，对人流影响很大，而且传言两年之后要整体搬迁（到2014年还没有搬迁）。做服装生意时间长的人，对搬迁有思想上的准备，而那些刚进来做的人，旧市场立足未稳，新市场又得重新开始，折腾人。

李先生另外还有好几个零售店铺，关于店铺的选择，他总结了不少经验。

1．全国多地百货商城“关店退租”，百货公司利润下滑严重。服装打折促销活动日益乏力，服装店铺在新的百货商场的面积占比下降。商业地产过剩，新商场风险加大。

2．新手入行做小店起步，多在选址上下工夫，尽可能选择没有转让费，或转让费低、租金低，但人气旺的店铺。实在没有这种可能，就尽量选择楼中店或临时租用店铺等经营模式；有的人选择合伙租店，然后将店铺间隔成两个独立的门面，分开来经营；无店铺经营，如QQ空间、微博、微信、博客、论坛等，也是一些人的理想选择。

3．了解城市建设方面的规划，不选择即将拆迁的市场和店铺。店铺是否有产权纠纷和债务纠纷，也要调查清楚。了解近期大型市政工程的项目及其建设时间，像地铁站的建设，以后会带旺商铺，但要考虑自己是否能经营到项目竣工；而立交桥、高架路的建设，则会严重影响人流量。

4．交通道路管理和市政管理的因素对生意影响很大。像单行道、车辆限时限行、道路有隔离带、无停车位、无公交站等地段，不适合开服装店铺；店铺选在道路两头延伸处，道路及人行道不宽不窄、绿化不影响视野的地段较佳；店铺周边有饭店、修车档，或者垃圾房、公厕等设施，不宜选择。

5. 上下坡路段，店铺地面与路面高低相差悬殊，宜开服装店。

6. 注意人的行走习惯和人流走向。上下班人流较大的道路两侧，上班走向一侧店铺的生意会比下班走向一侧的差；街道阳面的人流较阴面的大；通往公交车站路段店铺的生意较车站延伸路段的店铺要好。此外，要识别有效的人流。车站周边人流量大，但来去匆匆，目的不在购物。

7. 卖女装尽量避免街道两头的店铺。女性买衣服喜欢货比三家，头几家的店铺一般会成为她们参考的标准，而坚持走到末端的人没有几个，中间店铺才是成交率最高的。店铺“一步差三市”的说法，就是指店址差上一步，生意相差却很大。

5

多大面积的店铺更适合你?

有57个店主在问卷调查表中填写了店铺面积（合同面积，非室内使用面积）：

店铺面积（平方米）	<10	10~20（含10）	20~30（含20）	30~50（含30）	50~100（含50）	≥100
店铺数量	1	10	11	16	12	7

根据48个店主在问卷调查表中填写的店铺面积和年平均营业额，做平均计算得出如下数据：

平均面积（平方米）	13.2	22.78	30.5	46.76	114.1
年平均营业额（万元）	27.8	42.2	73.5	72	115.5

不同面积店铺的平效，即平均每平方米所产出的年营业额：

平均面积（平方米）	13.2	22.78	30.5	46.76	114.1
平效（万元）	2.1049	1.8537	2.498	1.5398	1.0123

结果显示：

1. 面积在30～50平方米的店铺为最多人选择；

2. 平均面积30.5平方米的店铺的营业额超过了平均面积46.76平方米的店铺，远高于平均面积22.78平方米和13.2平方米的店铺；

3. 平均面积30.5平方米的店铺的平效最高。

参加问卷调查的店铺，以散货店、散货贴牌店为主，没有品牌专卖店。像商场、购物中心里面的品牌专卖店，面积普遍较大，30平方米大小的并不多。根据调查数据，结合我们实际观察到的店铺情况，综合分析如下——

1. 面积30平方米左右的店铺：

（1）有选择做中低端、中高端货品的余地，具体根据周边的商业环境和个人喜好决定；

（2）租金适中，投入适中；

（3）转让时好出手等。

2. 中高端散货店或散货贴牌店：

（1）面积60平方米以上，甚至更大一些，货品好陈列、展现，能给客人很好的购物环境和体验；

（2）面积大，就不太可能选择租金非常高昂、人流量特别大的地段；

（3）不排除在一级商圈有个别二三十平方米的店铺生意非常好；

（4）二级商圈和楼中店是理想的选择。

3. 做中低端、走量的货品，有效人流量对店址的选择至关重要：

（1）有足够的人流量做支撑，店铺既可以选择十几平方米、二三十平方米等小一些的，也可以选择60平方米以上的，但不宜过大；

（2）常见这样的店铺，人流量少一些，租金相对便宜，面积有100平方米，甚至更大，也就是说，面积大小的选择往往取决于店主对租金的承受能力。

4. 通常将500平方米以上的服装店铺称为大卖场：

（1）与百货商场由面积大小不等的品牌专柜组成不同，服装大卖场主要做散货；

（2）大卖场货品比较丰富，一般男女老少的都卖；

（3）虽然有大卖场在逆市中保持业绩增长或连锁扩张的案例，但是最近几年逛街的人少了，在实体店买衣服的人少了，加上大卖场场面大，日常运营费用高，因此入不敷出而关门的也多；

（4）经营大卖场需要较强的驾驭能力，需谨慎入行。

5. 做靓妹装的，单价不高，单品利润不高，假如选择十几平方米的店铺：

（1）租金比三四十平方米及更大面积的店铺实惠很多；

（2）货品本身对陈列要求不高，陈列款式既可以多一些，也可以做到更新快；

（3）几个人进了店铺，就显得人气很足，对提高进店率和成交率大有帮助。

6. 新手开店经验不足：

（1）店铺不宜过大或过小，尤其不能过大，以室内面积 20 ~ 30 平方米为宜；

（2）做档次高一些的，店铺面积则要相对大一些；

（3）店铺过小，定位就有局限，货品调整有难度，店招、橱窗的设计也有局限，不利于吸引和积累顾客；

（4）店铺过大，各方面费用高，选货组货难驾驭，在供销渠道还不稳定成熟时，调整起来成本大，万一做不下去了，转让难度也大。

7. 必须明确，并不是每个开店的人都要选择30平方米左右的店铺：

（1）开多大面积的店铺要综合自己的经济能力、产品定位、消费人群、市场空间等因素而定；

（2）30平方米左右的店铺确实适合大多数人，尤其是新手。

8. 问卷调查中，街店、楼中店、店中店这三种不同类型的店铺的各项数据（仅供参考）：

	街店	楼中店	店中店
平均面积（平方米）	52.57	45.37	25.17
年营业额（万元）	78.75	46.43	59.29
平效（万元）	1.5066	1.0233	2.3557
每平方米面积的年租金（万元）	0.1796	0.1218	0.311
每平方米面积的转让费（万元）	0.1096	0.0724	0.0795

6 当你在店中店与临街店之间纠结时，为何不想想开楼中店？

一般来说，实体服装店有三类：商场的店中店、临街店和楼中店。

店中店的装修等费用低，大都不用办理“三证”，人员招聘和管理方便，商场有品牌效应。但统一收银的商场结款周期长，做品牌专柜的还不允许擅自调换品牌，促销活动频繁，商户没什么主动经营权，扣点制使得生意好时的租金成本高于临街店好几倍。

临街店在店面装修、人员管理、营销等方面自由度高，经营主动权完全由店主掌握。但临街店转让费高，装修投入大，管理要亲力亲为，并且租金不变，生意不好时，压力会很大。

如果一定要说哪个更容易赚钱，店中店相对容易，但临街店有机会赚得更多。店中店和临街店，到底该如何选择呢？中高端的百货商场不做大路货，只做品牌。做品牌就看其定位了，大部分商场对档次和风格都有明确的定位，如果品牌不符合，那只有选择临街店。

要考察商场，重点是结款周期、促销活动情况、管理费用、入场费、节日赞助费、保底营业额和管理人员的工作作风等。压款6个月以上的商场也有，如果平均每个月的营业额是十几万元，那么就得压上近百万元，碰到这种情况，就要考虑资金实力是否适合在该商场做。

临街店适合老手和专职做服装生意的人，商场适合新手以及没有时间打理生意的人。商场内部关系复杂，这一点要做好思想准备。很多在商场做过的人，对“含着眼泪抬着棺材出来”这句话刻骨铭心。商场的繁荣，往往是靠牺牲进驻商户的利益换来的。像深圳等大城市的中高档商场，大部分专柜是厂家入驻，亏钱撑门面，绝非普通代理加盟商能折腾得起的。

普通商场的店中店，如义乌小商品市场等各种商贸城，大部分以中低端散货为主。这些商贸城里的商铺大都租金不高，低的一年两三万元、三四万元都有，具体视各个城市以及面积、位置的不同而有所不同。我咨询过几个城市的义乌小商品市场的店主，他们都反映20平方米左右的店铺，一年多的能赚十几万元，少的能赚五六万、七八万元。但是，他们也反映周边的店铺很多都不赚钱，经常换店主，原因是这些店主都不用心去经营，其中有的店主就是因为租金低，不在乎。

如果觉得百货商场和临街店的投资过大，又不肯去商贸城开店或摆地摊，那么我推荐开楼中店。不过，要做好大力推广的准备。

所谓楼中店，就是开在写字楼、小区住房里面的店，在香港、上海等大城市较多，近几年在各地开始流行。一部分楼中店由网店发展而成。销售量不错的网店，租有写字楼或小区房，用于存放衣服及客服办公。这样的条件，发展成为楼中店，多赚点钱，是店家自然而然想到的事情。也有开过商铺的人，积累了几百名熟客之后，再开楼中店的。将商铺转为楼中店，一年下来，铺租少的可以省三四万元，多的可以省十几万元。将地摊转为楼中店的我也见过，因为摆地摊时积累了大量熟客，不想再为风雨天气和城管所扰，就升级换代了。

楼中店一般通过发传单、QQ群等各种低费用或零费用的途径进行推广，再用优质货品、优质服务培育顾客群。其中最关键的是通过老顾客口碑相传，不断吸引新顾客。

七八年之前，深圳、广州两地专做外贸库存批发的楼中店，频频在报纸上做分栏广告，较为直接有效。

海口阳小姐的楼中店销售手袋、鞋子、服饰等商品，每月房租加上人工开支不超过3000元。她的部分手袋、鞋子是深圳的水客（走私的人）从香港带过来的，物美价廉，所以生意非常好。在推广方面，她说有电视台和报纸等宣传途经。我问阳小姐，是不是要一笔不菲的宣传费用。她说，海口是个小地方，电视台和报纸需要时尚、消费类内容做栏目，楼中店的模式值得关注；店里的新款手袋、鞋子、服饰等，也能为它们提供丰富的题材，所以不用宣传费。

湛江市的李小姐既没开过网店也没开过实体店，她第一次做生意就选择了开服装的楼中店。当时楼中店在她那里还是个新鲜事物。

她的店开在霞山区国贸大厦，店名起得不错：印尚流行服饰会所，面积有45平方米。之所以选择这里，是考虑到人流量及商业定位。大厦位于市商业中心，楼下几层就是一个大型商场，周围也有很多商场。

李小姐之前考虑过商场及临街店铺，但费用太高，对她来说风险太大。楼中店这一商业模式，可以营造独特的购物环境，给消费者提供更加个性化的服务，成本也大大降低。

李小姐的店，转让费为零，月租1600元，押金6000元，装修4万元，首批进货款3万元，周转资金5万元，共12.76万元。这样的店开在临街，光转让费就得10万元左右。楼中店办营业执照的不多，李小姐办了，可见她对店铺的经营非常用心并寄予厚望。

开业之前，不少朋友提议说高、中、低的价位都做，以使店面的顾客群扩大，销量扩大。李小姐认为这样定位太杂，最后选择以正装为主，休闲风格占少数，面对23～40岁都市白领。楼中店的夏装价位100～400元，冬装价位150～500元，是临街店铺或商场同类货品7折的水平。

李小姐主要通过在楼下商场前面派发宣传卡来推广，开店一段时间后，拉到不少客人。住在附近的顾客，经常会到店里来看看，没有新货就聊聊天，老顾客也非常乐意介绍朋友过来，一起分享购物的乐趣。

李小姐通过不断上新品的方法来积累老客户，但初期上货操作不当，开业仅4个月就压了5万元的货，经营上出现困难。为了处理压货和断色断码货，李小姐开了网店。在货品方面，李小姐做出调整。虽然还是自己到批发市场挑选款式，但一个款最多拿两个色，每个色不超过两件。楼中店地方小，顾客集中，如果某一天有两个顾客穿着同样的衣服来逛店，那么她们可能就不会再来光顾。顾客在这里买的衣服都是独一无二的，店铺的生意才会越来越好。

经过一段时间的经营，楼中店的模式渐渐地被人们认识和接受，李小姐的信心又增加了不少。她觉得楼中店会是传统商场和街店模式的一种补充，是一种与网店相辅相成的新型经营模式，其独特性必将被湛江市的白领所推崇。

山东青岛的李先生，也把楼中店开在市中心高档百货商场上面的写字楼内，周边写字楼、百货商场林立。李先生的楼中店90平方米，一年租金6万元，物业费5000元，房产税1万元，押金5000元，首批进货款5万元，预留周转资金3万元。而相同面积的临街店铺，年租金25万元，转让费5万元。

李先生经营欧洲品牌的原单和仿单，认为做高端散货只有在这一块有真正的市场空间。大品牌的原单和仿货，最大特点就在于借用了该品牌的价值。另外，其款式都出自顶级时装设计师之手。

考虑到销售这样的服装，很容易带来工商方面的纠纷，李先生选择了楼中店来经营，货品零售价在500～2000元。

别人说“三分货，七分卖”，李先生觉得是“七分货，三分卖”，服装这行业，货品太重要了。对服装店老板来说，虽然上货的地方多了，除了广州、深圳、东莞、杭州、北京等，还可以上网淘，但李先生不会毫无目的地到处乱上。他认为，好卖才是硬道理，不要拿便宜的货，要拿好卖的货，不好卖的货再便宜也没有用。

其实，不论是中低档还是中高档服装，只要用心都能做好，它们都有各自的市场，就看自己有没有找准目标市场，以及用什么模式来做。李先生不看好本地批发市场的货，觉得品质不好而且贵。李先生根据他的楼中店模式和定位，对质量要求比较高，认为没有面料和做工就根本谈不上款式。

李先生对那些贴大品牌商标的普通货品极其抵触，倾向于以真正的原单货为主，高仿为辅。虽然他的起步因为顾客数量少而有些困难，但还是坚持了下来。定位的目标顾客越少，推广货品、开拓市场的目标就越集中、准确、有效。

在李先生看来，购买衣服虽然有很多店铺可以选择，但顾客会坚持自己的品位。他牢牢地把握住高端散货的定位，锁定中高档客户，通过营造楼中店良好的购物环境，提高客户成交率和忠诚度，生意很快就好起来了。

南京市商业中心的楼中店，90平方米的转让费有的近20万元。服装创业商学院有几个学员去参观过这样的一家店，上下层各30平方米的复式结构，男女装都做，主要通过西祠胡同的个人论坛版块进行推广，做了好几年了，据说月营业额100万元左右，其中有部分顾客还是从周边城市过来购买。

楼中店如此高的转让费比较少见，大部分楼中店的成本还是低的。这并不是说它更容易赚钱，只能说明它资金门槛低。它和街店都要求店主对整个店铺的运营有较强的驾驭能力，只是各自的侧重点不同而已。楼中店侧重于引流、个性化服务，以及口碑相传，对货品的定位等亦有讲究，一般以中高端货品为主。

楼中店的选址非常讲究。有的店主倾向于社区店，但社区店的流量小、购物场景的局限性很大，对店主的运营能力要求更高。实际上具备这种能力的人并不多，所以女装社区店能存活的非常少见。微信的应用，增加了社区店的发展空间，但我还是建议选择商业繁华区的写字楼开店。在流量有了基本保障之后，才能集中精力做好上货、销售等事情。

重庆解放碑旁边的一家星级酒店，有几十家楼中店。在大堂可以看到好几个楼中店的宣传水牌和易拉宝。酒店门口的大街上，有几个专业的拉客人，招揽行人。我在楼中店看到，拉客人带了几个顾客进来，走了一圈看衣服，发现没有合适的，她又带顾客去下一个店。店主介绍说，拉客人根据顾客的需求带他们到不同的店铺去选衣服，成交之后，提成30% ~ 45%。这样的交易，店主基本是不赚钱的，主要还是引流。顾客第二次自己单独来购买，拉客人是没有提成的，所以店主赚钱就看回头客了。

拉客、发传单的传统做法在商业繁华区域较为直接有效。我们经营楼中店，要抱有一种归零心态。想想在没有流量的情况下，如何做好引流和老顾客的维护，以激发自己营销与销售的潜能。商业繁华区域的楼中店，可以把自己假设为社区楼中店去开发客户。那些位置偏一些的，或社区楼中店，亦可把自己假设为无店铺去经营。既然微信朋友圈、QQ空间、论坛、微博、博客等都能做到以无店铺的状态去卖衣服，我们还有什么理由做不好楼中店，并对它的前景充满信心呢？

7

别人都做得不错的品牌，我却一天才卖一条裤子，怎么办？

朱先生在山东聊城的一个县开了一家品牌裤装专卖店，店址选在中心街最繁华的地段，40平方米左右。可是开业半年来，平均一天才卖一条裤子，每个月赔三四千元。家人都劝他关门，但看到经营这一品牌的其他专卖店都干得不错，他又不甘心。

朱先生卖的是三线品牌，男女装、西裤、休闲裤、牛仔裤都有，顾客年龄段在30～50岁，打完折的价位，西裤和休闲裤是160元左右，牛仔裤180～200元，女装140～150元。

朱先生的店面装修得不错，售后服务如做裤边、钉扣子、换拉链、改裤腰等都有，而且都是免费的。顾客普遍反映服务态度好，裤子质量不错，穿着舒服，就是有点贵。

价格贵，个别顾客说了不算，说的顾客多了，那就有代表性了。那为什么其他专卖店的货，顾客就不嫌贵？为什么朱先生的货，在商业街最繁华的地段，却因为“贵”而不好卖？

价格贵与不贵是相对的。朱先生这个牌子的价格其实仅比大路货高一点。这说明，光顾他店铺的顾客以大路货的消费群体居多。

最繁华的地段未必就是卖高档货的地方。人流多，其实是普通消费者居多，高端消费者毕竟是少数。有一个普遍的现象，就是靠近中心城市的县城，中高档的消费者大多数习惯到市里购买中高档衣服，只有少数人会在本地消费。

我观察过几个省几十个地级市城区周边的县城，商场及临街店铺卖的绝大部分是三线品牌。像深圳、东莞等市一些普通的镇，城市规模超过内地三线城市的水平，以一线服饰品牌为主的商场，开一个倒一个。因为这些区域属于中心城区的商业覆盖范围。

如果朱先生所在的县城不是这样的情况，那么就应该是这条街有很多一、二线的品牌，令他这种没有知名度的品牌，中档偏低价位的经营较为难堪——中高端货品消费群体买其他品牌去了，中低端货品消费群体买大路货去了。

此外，朱先生的产品线过长，显得不够专业。我建议朱先生调整货品定位，停掉这个品牌，换好一点的大路货，专注于男装或女装，突出某种风格，以走量为主。

朱先生的店铺位置不错，按我的理解，错就错在货品的定位。一天才卖一条裤子的，还有深圳的麦先生，他不但货品的定位有问题，店铺所在的购物街的定位也有问题。

麦先生的店铺在南山区××购物街。该街周边有天虹、人人乐、家乐福等大型商场，还有众多住宅小区，可谓处在商业气氛极好的环境之中。

可是购物街败招迭出。首先是购物街以服装店铺为主，竟然选择在8月份生意最淡的时候开业。深圳的服装，在7月、8月最难卖，到了9月、10月也不怎么好卖。商户进驻后，大部分连续几个月贴钱，支撑不住了，就纷纷贴出转让告示。告示一贴出，严重影响了购物街的形象，人气进一步受到损害。

好多商场，尤其是新开的，是不允许商户在现场贴转让告示的。这一点，也成了购物街的败招之一。

购物街的定位以中端消费者为主。实际情况是，中高端群体都跑到几大商场消费去了；逛街的绝大部分是低端消费者，他们大多数更喜欢到地摊上买衣服。按我的看法，这个购物街要么打造成高端的，要么就做成低端的。要是做成低端的，倒是能吸引周边上百个摆地摊的业主，老跟城管“躲猫猫”可不是他们想要的生活。

话说回到麦先生的店铺。别的店铺全做中档偏下的服装，唯他一枝独秀，做中档仿牌货。就算是一天才卖一条裤子，他仍有坚持的理由。他说，坚持就是胜利，反正低价也卖不了多少件，不如卖价高点，卖一件相当于人家卖几件。

因为购物街定位失误，人流很少，租金又贵，其他商户低价促销也没什么效果。有的商户还因为过高估计购物街开业后的前景，没有预留周转资金，在开业三四个月后无法赢利，没钱交租而被迫关门。商户越做越少，购物街进入恶性循环。

麦先生42平方米的店铺，月租金六千多元。他每个月都贴几千元，最终，他还是将货品的价格做了调整，采取低价走量的方式。由于店面比别人的大，货品比别人的好，调整之后销售额处在略微上升的状态。

定位对了，坚持一下，可以挨到冬天搏一搏；定位不对，坚持就是自断其路。虽然说整个购物街做不起来，但麦先生通过调整货品的定位，在有限的人流中多抢到几单生意还是可取的。多找一点喘息的空间，等过完年再合计一下，要是购物街仍然没有发展前景，还是撤了的好。

个人的店铺定位错了，还好调整，要是商场、购物街定位错了，调整不过来，个人的店铺再怎么调整也是白折腾。新商场、新商业街不断涌现，外行人做商业地产不在少数，他们做旺的概率越来越低，服装店主对此要谨慎小心。

8

男装、女装、童装，你还在为卖什么而烦恼吗？

对于众多新手来说，卖什么样的衣服好，是一个不容回避的问题。有的人喜欢听别人瞎说，男女老少、高中低档全上。我们开大卖场的，几千平方米的场地，最多也只是上全男女老少的，至于高中低档包揽，那是想都不敢想的事。

货品多，貌似是客就有货拉得住他。实际上恰恰相反，应该是“做得多不做如得专”。一般几十平方米到一两百平方米的店铺，如果做得大而全，男女老少的货品一分配下来，各类都没有多少件，顾客选择的余地就小了，这还是小事，如果顾客甚至都看不出来店铺卖他们的衣服，连店铺都不进来，那才是大事。

一些店主反映进店率低。我对他们说，你别老站在店内，你得经常站店外，以顾客的身份，看自己的店招，看橱窗，看店内的陈设、灯光等，能不能根据这些一下子判断出这是卖什么衣服的店，感觉一下自己是否有进店的欲望。

当顾客看到店铺做的货品全是自己年龄段的，99%都会进店瞧一瞧。当顾客进来看到货品全部符合自己的定位，他们就会停留下来慢慢地挑选，这样成交的概率就大了。

很多人跟我说：“我没有选款的眼光，也不会卖衣服，所以放弃女装选择男装。”说这种话的人，男生占70%，女生占30%。但我发现做男装的店铺，存活率也不见得比女装高。别人征询我的意见时，我大都会建议做女装。

女生看服装比男生更有眼光，做服装生意成功的概率要大一些。我每次去进货，都会安排女营业员一同前往，而且大部分由她们做决定，一是她们更接近顾客，二是她们更有眼光。要是男性新手咨询我怎么上货为好，我都会建议他们尽量找一位女同胞一起去上货。

盛先生是做外贸货的，刚开始卖女装，后来慢慢转型到童装。女装过时快，因为眼光问题，他经常上到滞销的版。而外贸童装不容易过时，以质量为主，符合季节就可以卖。

看来，找不到合适的女同胞帮忙上货的新手，得优先考虑做不太容易过时的货品，如童装、老年装、正装等，那些流行性比较强的时尚男女装则尽量不要做。要做就优先考虑品牌，由公司配货。

还好盛先生卖女装的时候，由老婆看店。如果只有男士看店，那么要不要考虑卖女装、内衣等货品？大多数人认为不考虑。理由有二：一是男士难有专业的眼光，无法对顾客的服饰搭配提供建设性的意见；二是女性不方便在男士面前试穿衣服，尤其是内衣。

男士作为店员长期卖内衣，或许会有，但我目前还没有听说过；他们做采购、做买手倒是不在少数。至于守店卖女装，我倒是发现有一些男士并不比优秀的女店员逊色。

卖外贸女装的罗勋是一个四十多岁的中年男人，开店之前，他既没有接触过服装行业，也没有任何导购经验。为了开店，他花了大量时间学习与外贸服装相关的专业知识，了解外贸服装加工厂的分布情况和市场资讯。开店一年半，他凭借专业的知识、优质的货品、诚恳的服务，赢得了数百个顾客。

河南的张小嵩，一个二十多岁的高中体育老师，之前也是没有接触过服装的菜鸟。他为了开店，做了两三年的准备，在网上学习相关知识。刚开始打算卖女装的时候，身边的人都说："疯了，哪有一个大男人卖女装的？"张小嵩最先感兴趣的是库存尾货，后来考虑从男装、女装、童装这三类中选择。他认为：男装店要旺起来的时间比较长，不好做；童装拿货必须一手，而且市场上童装的买手不多，自己的选款眼光也不好，也不好做；最后剩下女装，虽然这一块做的人多，但女人买衣服都是冲动消费，商家回本快，而且可以选择跟适合自己风格的买手合作，跟旺家合作。开业之后，张小嵩经常守店，有的新顾客来了会问他："老板娘是不是进货去了？"张小嵩很自信地告诉对方："我是老板。"

顾鹰是60后，被称为中年男人卖女装的典型。他刚开店那会儿，准备了"显瘦、腰线高了、肩很挺很显气质、曲线出来了、女人味、和谐、个性、太适合了、巧妙、视线集中了、有层次"等二十多个经常会用到的赞美词语。每一位顾客，他都会挖掘出赞美点，包括穿着、发型、气色、能力、谈吐等。赞美，真诚地表达出来，就能赢得顾客的心。

卖什么样的服装好呢？了解一些货品系列和种类的特点，再结合店铺位置的情况，才有选择权。

1．运动休闲类服装是有流行性的，有的地方2005年、2006年卖得还可以，2007年并不好卖，而2008年全国都好卖，不过最近几年也都不好卖了。

2．牛仔裤适合15～50岁的年龄段，一年四季都可以卖，没有明显的淡旺季，但利润普遍比其他货品种类低。有一些经典款，如Lee牌的牛仔裤，几十年前的款还在卖。

3．西裤的销量在年前会上升一些，平时休闲裤则销售得比较好。卖裤子，货品的投入比较大。裤子的版型变化不大，袋口、线条等细微的变化就是不同的版，同一个版的面料多、颜色多、码数多。

4．中老年装和童装不容易过时。童装在码数的选择上没有太多限制，销售旺期在一年中的次数也较多，开学、换季、"六一"、年前等都是好销的时候。在一些工业城市，外来人员多，寒暑假那段时间，家里的小孩过来看父母，也会带动童装的销售。

5．时尚服装销售量大，但容易过时。靓妹靓仔装的客户群体没有什么经济基础，因此卖不上价钱。适合25～40岁的女装销售量也大，单品利润也高，但做的人特别多，经营管理比较繁琐。

6．男士买衣服往往是速战速决，比较忠诚于卖家，对质量的要求高于对款式的要求。男装的版一个季度不需要太多，否则会产生很大库存。男装库存相对会多一些，但不容易过时。一般根据市场走势、行情来选版，什么面料新做什么面料，流行什么做什么。

7．毛衣不易过时，款式要求没有时装、外套那么高，又是均码居多。颜色多，最多有十几个色。一年里卖的时间长，根据不同的季节和天气，适时选择开衫、套头的款式，以及薄款、厚款，能走量。

9

时常调整货品定位是利还是弊?

王先生盘了一个女装店，在成都中医药大学的后门街上，每个月房租2200元。那里有人流量，商业气氛不错。盘店铺是连货一起盘的。一开始，王先生就将盘过来的货打特价，一律50元，卖得相当不错。他又以二三十元的价格进了一些长裙和短裙，卖六七十元，也卖得不错。接下来，王先生进了精品女装，70～150元的进价，卖200多元。这下问题来了，进店看的顾客都觉得贵。过了一段时间，这些精品还是没有动静，只好全部平本清货。

王先生又卖回低档的大路货，可问题反而更严重了，连卖五六十元顾客都嫌贵。之后几个月的生意一直很平淡，一个月下来只能赚个房租。

我调侃王先生真能折腾，把店铺当试验田。原来店主的货卖100元左右，王先生特价清货，顾客当然觉得划算。再卖六七十元的货，卖得也不错，是因为后面的顾客跟着前面的人气来了。但是，老顾客把前后衣服的质量和价格一对比，准保会骂王先生衣服卖贵了，质量变差了。此时，一直卖100元以下衣服的店，又突然变成卖200多元的，新老顾客都会被赶走。再说，这个价位的消费群体也无法那么快就得知王先生改卖适合她们的衣服了。

买到特价女装，顾客觉得很划算，等她们回头再找这样的货时，却找不到了。店铺又改回卖低档货，但价格比特价时高，质量却次了很多。王先生的店面形象因此一跌再跌，损失殆尽。

一个店铺，将货品系列、风格、价位等定位好，坚持下去，顾客群就会慢慢地培养出来。王先生东一耙子西一扫帚地做，有这样的结果并不意外。接下来是七、八月，淡季加放假，王先生可以趁这个时间做调整，到开学以后上秋冬装，还有机会扭转局面。

佛山梁先生的做法跟王先生如出一辙，先是从手袋开始，然后加一些休闲服，接着转向高档一点的货品。他是自己喜欢什么就进什么，导致货品和档次一直在变化，店铺定位不稳，主题不清晰，每一批货品刚刚积累的客人随着其定位的变化而流失。

梁先生说，营销确实是个难题。来店铺的顾客什么样的都有，抓住真正的消费者，才是关键。以熟客为主的生意，有时只能将大部分资源和精力用于这小部分客人。他的熟客，已过了喜欢逛街的年纪，找对了那几家店，就自然会长期关注。对此，梁先生不无感触地说："开店的定位很重要，可以进的货品实在太多，抓住几个点才是真正的成功之路。"

梁先生这话说得不错。问题的关键是，这几个"点"该如何去抓?

南宁的马先生，刚开始只做女童装，很多客户来了说喜欢他家的风格，可惜的是没男童装。等马先生有男童装了，客户又看不上。客户说："款式太普通了，杂牌、没牌的到处都是，我们家孩子不喜欢跟人家一样，而且你这价格高，不值。"于是，马先生又上了另一个牌子，款式、颜色都特别，很时尚。客户又说了："你这衣服好看是好看，就是太时尚了，要有气质的孩子才能穿得出来，而且款式特别，穿去学校会被人家说从小就爱穿衣服攀比，不好。"

马先生说，你卖什么衣服，都有人说好或不好，重要的是，要搞清楚店铺所处的环境适合经营什么档次、风格的衣服，要通过市场调查分析，确定自己的经营路线。客户说的话要听，但是也不能客户怎么说你就怎么调整，经营要有延续性。人流大的地方，哪种货都有适合的目标客户群，就看自己以什么样的优势与同行竞争，吸引特定的客户群。

10

做控货的厂家批发品牌才是精品女装二批的出路？

精品女装店，经营的货品一般在中档以上，有不同的牌子混杂在一起，也有大路货统一贴牌的。店铺货品来源复杂，库存服装、国内新款、外贸原单、外贸跟单、外贸仿单、进口服装等都有，货品价格接近一、二线品牌。那些夏装卖价多在300元以下的大路货店铺，虽然也挂精品店的名头，但不属于真正意义上的精品店。

精品女装店，款式丰富，更新速度快，可以根据消费者的需求进行自由组合，及时调整。这些优势是品牌加盟店不能比的。

精品女装没有统一的品牌形象，价格也不低，所以很多零售店铺会考虑贴牌。一些贴牌的店铺运作得好，一两百元进价的衣服，可以卖到十倍的价格。

卖精品女装，一批和零售相对好做。一批面对的是全国市场，其模式是款少量多，只要款式好，除了精品店采购外，还能吸引不少品牌商贴牌。

精品女装的二批，款式不能太多也不能太少，备货量不能太大也不能太小，转手出去的价格又不能太高，地位比较尴尬，生意就不那么好做。

批发城里的大路货，大都是中低档的，价位不高，二批吃进来，再转手给零售店，按20%～40%的毛利，夏装的差价也就是几块钱到三四十块钱。中低档的大路货还可以走量。

精品女装，一两百元进价的，若是20%的毛利，差价就是好几十元。如果是档次再高一点的货，就有上百元的差价。精品女装二批，还很难走得起量。精品女装的零售店铺比大路货店铺少得多。此外，他们更喜欢直接到一级市场进货，除了货品差价明显之外，一级市场的款式也比二级市场要丰富得多。

文小姐在安徽合肥白马服装城有一个店铺经营精品女装，本意是做批发，实际上零售的业绩比批发好。她也有一批稳定的顾客，不过全是零售客。可是，毕竟服装城的定位是以批发为主，零售业绩再好也是有限的，文小姐店铺的零售客的流量、服装的零售价等，还是与临街店铺有一定的距离，开店头一年，就亏了5万多元。

文小姐入行的想法很简单，以为货品好就一定可以卖出去，忽略了价位问题。她头几次进货的时候，只要自己能接受的价位都拿。结果是很多人喜欢衣服，但不愿意掏这么多钱买下来。

卖衣服就是这么奇怪，最便宜的不见得好卖，款式好的也不一定卖得动。文小姐希望能找到更便宜的精品女装，她原来在上海进货，后来改到广州和虎门了。因为其他做精品女装的店铺习惯在杭州、上海进货，文小姐的广东货在款式和风格上就显得有所不同，所以她的客人增加了一些。但是广东货的价格也低不了多少，价格的问题仍然限制着她的发展。

她也知道广州白马的那些衣服出厂价并不贵，可是档口对外批发的价格就很高。跟休闲类服饰不一样，她做精品女装的二批，直接找工厂做货在量上远远达不到要求。

文小姐想做某些高端的仿大牌的货，但这样的货，供销渠道很隐蔽，她一直没有找到。走量的货太低端，文小姐又不喜欢做。之所以选择精品女装，完全是出于她的爱好。

河南郑州有位朱小姐，跟文小姐一样，对精品女装情有独钟。她原想在银基商贸城开店，精品女装批零兼营。但她考察后发现，在批发城做精品女装，其实跟开零售店差不多，还不如开个临街店。虽然临街店投资要大很多，但人流量和卖价是批发城不能比的。

朱小姐还发现，卖杂牌精品女装，没有竞争力，贴牌是个不错的选择。她了解到的情况是，精品女装店贴牌的比例很高。

朱小姐的朋友，在广州天河卖精品女装。她不在十三行和白马一带进货，因为这样做容易撞衫，就算是贴牌也卖不起价。她到深圳南油商圈进货，然后贴一个德国牌子，卖价大部分是进价的十倍。

朱小姐认为精品女装贴牌可行，但在临街店和批发城店铺的选择上还是举棋未定。她的初衷是做批发。货品贴牌可以在零售店卖出价格是事实，可是批发价太高的话，其他零售店也可以自己贴牌。普通大路货贴牌，然后招代理加盟的做法好操作、价位低、能走量；精品女装贴牌后，能不能在批发上有量的突破，就不好估计了。

朱小姐有50万元，还可以在临街店和批发城店铺的选择上继续考虑。对于文小姐来说，钱都扔进去了，如何摆脱精品女装二批的尴尬才是她要考虑的。

我建议文小姐贴牌，然后把货适当铺一些到周边的精品店去销售。货放在自己店也是卖，放到人家店也是卖，既然想做好，被动不如主动。

这样操作，价格一定要控制好，新品的卖价各店铺必须保持一致。批发城店铺的新品只批发，不零卖，各店铺退回来的货才低价零卖处理。

| 第三章 |

进货 生意精的成长路

1

新手加盟品牌如何看清骗局？

30岁不到的李先生，做服装批发已经有11个年头了。他在北京大红门商贸城五楼的精品厅有两个店铺，店名都叫“唐苑之莎”。他看好韩版的流行性及时尚性，经营的全是中高档韩版服饰。

李先生的货源以广州的为主，结合自己找版下单加工。品牌以配货为主，并和公司约定，没有补过货的都要给予换货。按行规，双方要约定一个换货的时间，以发货一周或半个月内为限。下家要想办法跟上家谈，将换货的时间延长。还有一个规矩，如果是上家的绝版，即上家没有存货，也不打算补单生产的版，是不给换货的。上家绝版的货，下家就要想办法尽快甩出去。

同一楼层不同位置的店铺，租价相差几倍，这与客流有很大的关系。李先生的店铺都在较好的位置，经营上也有自己的套路，一年四季里即使是淡季也能赚钱。他说服装的商业模式各有千秋，经营者要根据自己的经济实力选择适合自己的模式。品牌加盟要投入更多的财力，而且难掉头，然而一旦做好了，挣钱就会变得容易。如果新手做品牌加盟，他建议还是以厂家配货为好。

若与品牌公司合作，上货就没有批发市场那么自由。品牌公司只有配货制和订货制两种。

配货制是公司的配货师结合货品情况与市场情况，把货配送给加盟商。配货制换货率高，对加盟商的专业知识技能要求不高，加盟商可以集中精力销售产品。但配货制时常出现配送的货不适合市场的情况，配送也不及时，加盟商较为被动。

绝大部分品牌采用的是订货制。加盟商参加公司的订货会，看样版后由加盟商下订单。订货制换货率低，对加盟商的专业知识技能要求高。加盟商在订货制中较为主动，但风险大，订多了货可能压货多，订少了货可能不够卖。此外，订货要交订金。

有一些走批发路线的品牌，省级代理商考虑到订货的压力和风险，同时也为了有利于自己对货品销售和库存情况的总体把握和调控，对下面的零售店铺全部采用配货制。代理商向厂家订货的时候，大部分款式只订下家市场份额的六七成。但代理商订的款式多，总体的订货量还是大于市场需求的。代理商这样做，不但可以保证零售店铺有足够的款式和货量赚取营业额和利润，也使其在运作配货时有很大余地，零售店只要对货品不满意，都可以退换，退换的货品再配到其他店铺，仍然能保证是新款。

新手加盟品牌有很多好处，但不管是配货制还是订货制，陷阱都多，要注意防范。现在的李先生算是选对了品牌，挣点小钱不是太难。想当初，刚入行时真难，他也曾碰到过无良品牌商。来听听李先生的故事吧。

我的整个家族都是做服装生意的，出道时多少不算是个“文盲”了，但还是被骗了两次。

2005年的一天，我在广州找的一个品牌，马上就要转型了，还在拉客人。品牌不做了，我2万元的保证金就有可能打水漂。还好，我提前有所觉察，就跟公司协商。这家公司还算“良心未泯”，给我发来了2万元的积压货。

可能有的人会说为什么不根据合同打官司？我采用的配货制，没办法打官司。其实，在服装业，尤其是批发业，真正打官司的人很少：第一，怕麻烦，没有这个时间及精力；第二，也许是大家都没有这个习惯。

同年秋天，我去深圳一个叫“红色××服装公司”的厂里订了17万元的货，这个厂家的过分之处现在想起来还是叫我咬牙切齿。

深圳长期存在一批专门给各大服装公司拉客户的所谓营销专业人员。在一次深圳服装展会上，跟一位这样的人有过一面之交后，某天他给我打了个电话，说他供职的公司出了一批新款，要开订货会，邀请我参加。在接下来的一段时间里，他打电话给我，跟我交心，取得了我的信任。订货会的那天我去了，他好吃好喝地招待。我看样品也不错，就下订单了，5天后打了30%的订金，发货前3天将剩余的70%货款打了过去。

合同上说的是9月下旬把我订的货发齐，结果到了10月中旬，才发了60%的货。服装这东西季节性很强，尤其是女装，过了季就只能甩货了。更可气的是，发来货品的面料比订货时看的面料差很多。后来我就去深圳找他们理论，到那里才发现，当时接待我的营销人员早就拿着订货款的提成走人了。老板也避而不见。在那个陌生的城市里，我欲哭无泪！

欲哭无泪的何止是李先生一个人。很多骗子服装公司通过在电视台、报纸、网站等做广告，通过服装展会，骗取加盟者的加盟金和货款，每年都有数万人上当。

在××市服装展上，有一个新手，看到一个参展牌子的货不错，各项加盟条件也没什么问题，就匆匆签了协议。因为协议上说，预付款越多，折扣越多，而且可以在合同期内确保独家经营权，他随后就打了30万元给该厂家，等收货时才发现货不对版。货不好卖，两年了，他那30万元的货也没有卖完。

这个故事听了让人觉得有些不可思议，但确确实实是真事。

还有朋友给我讲过一件事。他去杭州进货，在一家服装厂的门口，看到一个大姐坐在台阶上，满脸惆怅。一问才知道，她是银川做品牌代理批发的。她知道很多写字楼和档口行骗得逞之后卷铺盖走人的事情，以为直接找厂家订货比较稳妥，没想到交了7万元订货款后，厂家也人去楼空了。

知名度高的品牌，其可信度高，但对后来者来说就没什么机会了。普通的品牌可谓鱼龙混杂，去厂家看过后还是受骗了，真叫人不知道怎么办才好。

2

代理加盟品牌的陷阱知多少？

代理加盟品牌的陷阱，有大小之分。大陷阱就是李先生和银川批发商碰到的那些无良商家，赤裸裸地骗取钱财。有的无良商家，骗了钱后就闪身走人；有的无良商家，以各种特别优惠的条件，甚至打出“稳赚不赔”的旗号，诱骗到加盟费和货款后，通过发低劣货品或者是十分离谱地抬高吊牌价，逼迫加盟商退出。

识别和防范大陷阱，就得做好对品牌厂商的考察工作。考察品牌的知名度、其他代理商及加盟商的分布情况和经营情况等。考察代理商、加盟商的数量要多，能实地考察最佳；不能实地考察的，就通过电话确认，或找当地的朋友确认。能确认5家以上分布在不同城市的加盟店为佳。如果代理商、加盟商只有零星几个，建议不管品牌背景如何好、加盟条件如何优惠，都不予考虑。如果一定要试试，就现货现款，不搞预付款、加盟金、保证金这一套。其他看仓库、看厂家等方法，不实际，也不管用。

最近几年，广州白云区石井商圈发展迅猛，已经取代了中山沙溪一条街在全国库存尾货市场龙头老大的地位。白云区有很多不知名的品牌服饰公司，依托石井商圈，专门从事库存尾货分拣、整理，包装成品牌，然后招募加盟商的业务。大多数这样的公司对加盟商的条件要求很简单：统一装修、不能掺杂其他货品、无加盟费、保证金象征性地收1万元左右。公司有一个诱人的条件，就是可以百分之百地换货，很多人都是冲着这个条件加盟的。因为货品都是非常便宜的库存尾货，公司有很大的利润空间，他们只管不断地推广、不断地签新的加盟商，而对已经开业的加盟商完全放任自流，没有任何培训；说是平时有督导巡店指导，一年到头连鬼影都没有一个；货不好卖就换货，但是只能换不能退。加盟商生意好的就继续合作，生意不好的只能自寻出路。有的加盟店因为生意不好，货品换来换去都没有效果，想自己掺杂些市场上的货品，又担心督导巡店发现而被没收保证金。但实际上，最终自己做不下去了，这个保证金也因未到期就中止合同而无法收回。

一般的品牌，大多是拿客户做试验品，让客户做冲锋市场的牺牲品。真正做品牌、做市场的公司，对客户的要求高。要求越高，公司的风险就越小，公司和客户赢利就越有保障。公司对客户的要求有：资金、信誉、位置、过往经历、区位优势、市场覆盖率、销售服务经验及能力、促销、培训等。如果公司对客户没什么要求，有钱就可以加盟，那就要注意了。

所谓小陷阱，就是合法经营、真心实意打造品牌的公司，它们与客户合作，完全占据主动权，有些合同条款，貌似是为客户提供支持和保障，实际上意义不大。

跟品牌合作，需要了解加盟金，保证金，供货制（配货制还是订货制），拿货折扣（含不含税、折扣等级划分），首批进货款，全年销售指标，返点返利，换货率，跨季换货率，换货条件（换版、换色、换码），补货条件（是否要全码补），经营面积，装修标准，装修费返还，货架款，货架押金，货架赠送，辅料道具赠送（衣架、购物纸袋、POP 等），开业赠品，促销活动支持，培训，公司外派人员考察费用，区域加盟保护，等等，里面有陷阱的地方主要体现在换货、补货上。加盟的时候，公司往往承诺货源充足，怎么补、怎么换都没有问题，甚至可以异地调货来补货、换货。实际情况是，换货、补货可以，但是会经常碰到想换想补的货没有了，货越换越差，补什么没什么。

其实，公司也想把换货和补货的事情做得完美，但得考虑成本与利益，没办法完全做到。公司在客户面前，是不可能揭自己短处的，所以我们称之为“陷阱”。客户在实际操作中，不要过于相信和依赖换货、补货的条件，在订货和补货上把握更准确一些，在滞销品的销售上更主动一些，提前防范这些风险。毕竟对方是正正经经的公司，不是骗子公司，想因此而不合作，就几乎没有品牌可做了。

有些优惠条件，如特价款的推出、装修费的返还等，加盟商不提，品牌公司也不主动说明，这种行为，也是让客户往陷阱里走，都要加以重视。

3

品牌和大路货该如何选择?

做品牌代理加盟，诈骗陷阱非常多，可是做大路货也有许多弊病。对于品牌和大路货，该如何选择是好?这个问题，也是仁者见仁，智者见智。

· 就算是没有骗局，我也不推荐加盟这种模式。首先，正规的品牌加盟成本太高，等于是我们花钱租店铺，帮品牌商打广告，帮他们赚钱。投资不少，利润很低，很不划算。而且还会把人的惰性做出来，不利于以后的发展。

· 有一定的经济基础，在经验不多的情况下，选择一个品牌加盟，是一条成功率比较高的服装生意路。

· 做品牌加盟，成本高、风险大。做大路货，自己可以根据市场的消费群体来调整和选择货品，风险相对小。对于刚入行的初学者来说，品牌加盟的成功率更高些。如果有懂行的朋友帮助，做散货更灵活。

· 加盟有很多不好。款式好看的没几个，公司的配货老掺杂一些滞销品，换货总是换不来好卖的。

· 开专卖店，竞争特别激烈。店面的选择不容有失，装修一定要一步到位。一个失误，损失就是几十万元。

· 现在的品牌大多数没有内涵，形式掩盖良知。品牌加盟，大牌做不起，小牌多陷阱。大路货质量太烂、款式太差。

以上每一句话，都是朋友们从自己的服装经营故事中总结出来的，很多是花钱买来的教训。结合他们所说的，我将品牌代理加盟和大路货经营的优劣性做了对比。

做大路货最大的好处在于，经营主动权完全掌握在自己手里，可以根据市场情况，适时适势地调整经营方向，进退自如。大路货的投资可大可小，现货现拿，要求经营者有一定的市场经验和选货眼光。大路货跟风强，市场变化快，经营者必须要花时间了解市场行情。网批、买手的进一步发展成熟，将为大路货的经营者降低库存，加快更新速度，也为贴牌提供了强有力的支持。

大路货档次偏低、品质偏差、容易窜货。其货源，水不是一般的深，熟悉“水性”的人，赚钱比做品牌来得多、来得易、来得快。要熟悉“水性”，得跑很多冤枉路，如果有行内人士指点，就会少交一大笔学费。

做大路货，店铺定位、选址、装修、进货、经营一条龙，自己全部负责，烦心累人，但比做品牌更锻炼人。

做品牌最不好的地方，就是经营主动权较差。厂家无论是配货制还是订货制，其货品不会为某个特定的市场设计，且定位和风格都不会有太大变化，一旦不适合本地市场，经营者要改变经营内容和方向，就费时费力费金钱。做品牌的投资也较大，如果想进商场做专柜，要求有一定的经济实力。

做品牌，只要不掉进诈骗陷阱，就省事省心。但是好的品牌和好的商场，条件都比较苛刻，虽然说赚钱稳定有保障，但利润空间有限。这种方式适合新手，以及很少有时间打理店铺的人。一些品牌与时俱进，顺势而为，完善供应链管理，放宽加盟、换货条件，对于有心加盟品牌的人是一大好事。

现在流行开精品店，做散货，即“大路货+品牌+外贸货”的组合方式。这种方式，可以将大路货和品牌货的优势综合利用，但只能开临街店，商场是不允许这样做的。

童装比较适合采用“大路货+品牌”或“品牌+品牌”等组合方式。“品牌+品牌”的组合方式，是指选择两三个档次类似、产品线相互补充、质量比较稳定的牌子来做。国内二、三线的牌子，各地大都有代理，他们一般不限制一个店铺只做一个牌子。而且这些牌子在市场控货方面做得相当好，比如一个城市一个区域，或者一个县城只发货给一个店铺，完全杜绝了压价的恶性竞争。这些牌子每年都有订货会，经营上手了，顾客认这个牌子了，生意就比较稳定，每年参加几次订货会就可以了。刚开始做，哪个牌子不好卖，及时换牌子也方便，减少了经营风险。

文胸、内衣等贴身衣物，不适宜卖大路货，适合做品质有保障的品牌，也以“品牌+品牌”方式经营的居多。在货品上，则采用内衣、睡衣、泳衣等组合经营。

大路货贴品牌以及仿牌，可以将其和品牌货的优势综合利用起来。但贴品牌贴的是自主品牌及授权品牌，手续合法，无可厚非，仿牌却是违法的。

4

朋友35元买回来的裙子，我进货都要98元，怎么办?

黄先生1995年开始做服装生意，自产自销，在广州BM大厦二楼有档口。他原来一直做女裙和裤子，近两年由于生意不好做，童装的订单也接了。

黄先生做出来的货品，有时会和十三行的货品一模一样，而十三行的批发价还不到他工厂的成本价，致使一些客人误以为他是炒货的。

十三行的商户有时候只做一批面料。面料来得便宜，再加上工价低一点、档租低一点、赚的钱少一点，这批货的批发价就会低于黄先生的成本价。但在不知情的顾客看来，BM的炒货出了名，是个不争的事实。

黄先生说，BM这几年的生意和品牌地位在慢慢往下掉，跟炒货脱不开干系。有一帮人，专门去十三行拿货到BM卖。他们主要做流行的货，这个星期卖棉衣，说不定下个星期就卖套装。这些人，大部分是以前帮写字楼、档口卖货的，有一定经验后，就去租人流旺的通道上的档口，有的是租半档，有的半档还是几个人合伙的，两万多元就可开张。

炒货，不光是BM、站西一带，十三行和沙河也有不少。炒货之所以盛行，是因为有这样的市场空间。一部分零售商，拿了炒货，生意一样货如轮转。不过，有些人拿了炒货，日子就不好过了，像湖南的邵先生，差点因为遭遇“炒货门”放弃服装生意。

邵先生的店铺在××市商业步行街附近的商品住宅楼下，实际面积38平方米，租金虽然没有步行街的贵，但也不便宜，一年要17.76万元。

邵先生有一个朋友在广州做外贸服饰零售，可以帮他推荐进货的市场。朋友的生意非常不错，尤其是双休日，可以用火爆来形容。不过，朋友卖的是运动品牌的外贸货，而邵先生卖的是日韩及欧美风格的外贸时尚服饰。邵先生还有一个妹妹在广州，上货的时候，主要由她来挑选。

邵先生的条件好像都不错，可生意也就是一天赚几百元。他附近一个店铺，才二十几平方米，卖的也是外贸女装，门庭若市，有的时候一天有1万多元的营业额。人家的衣服卖400～1000元，邵先生的衣服卖80～500元。外人想不到的是，他们两个店铺的货品进价其实差不多。

问题出在哪里呢？

我断定邵先生拿到的是炒货。他在广州的朋友卖的跟他卖的不是一类货，没办法提供有优势的进货渠道给他。

邵先生自己也承认，服装的款式和品质都比那个店差一点。一样的进货价，自己只敢打两倍的价钱卖，生意也不见得好。人家的货好，打到进货价的四五倍，却生意兴隆。

邵先生的一位朋友穿的裙子，款式、面料和做工等，跟他卖的一个款式一模一样。朋友的裙子是在广州买的，才35元，而邵先生的进货都要98元。

邵先生一度想放弃卖服装，一旦放弃，就得亏十多万元，光是夏装就压了六七万元的货。看在投了十几万元的份儿上，他咬咬牙，坚持了下来。

后来上秋装，他都在十三行拿货，价格比白马和站西一带低一些，但货品的档次还是维持在原来的水平，跟附近那个店铺比仍然有差距。十三行写字楼的货，适合他的店铺，可是大部分要求每个版10件以上打包，不能混拿。

邵先生想在冬天转型卖高档一点的货，比附近那个店铺的档次要高。他也想做品牌，认为这样可以弥补进货方面的欠缺。有客人建议他搞个精品柜，放些耳环、首饰和服装配饰来卖。邵先生也想这样搞，认为可以提高店铺的档次和品位，也显示出自己与众不同。

生意不好，什么样的想法都来了。精品柜小试一下倒也无妨，只是冬季马上就要到了，这时候转型做高档货，一是时间上不允许，二是转型了也未必能解决货源问题。

邵先生问题的核心不是定位错误，而是货源。不管是做散货还是品牌，他都需要找到像附近店铺那个档次的货，且价格不能高于人家的。邵先生现在的货品，在他那个地段没有市场，所以解决的方法不是拿同样品质的货，而是拿同样价格的货，把货品品质提高到竞争对手的水平。

如何识别炒货，邵先生得好好学习了。

赚钱锦囊

1. 一定要多走、多看、多了解、多比较。这一点是最根本的，也是最重要的。

（1）要上对货，就不要每次出来都急着打货赶回去。生意做不好，赶时间有什么用呢？多花两三天时间把卖女装的批发市场走个遍，有了对比之后，不但可以了解价格行情，还可以把握流行的款式。

（2）卖中档女装，只冲着这个档次的服装市场转也不可取，得中档以上和低档的批发市场都转。比如说，对沙河的货有所了解，才能在中档市场识别炒沙河货的商家。

2. 了解批发市场货品的来源情况。

（1）厂家直接开档、档口下单给工厂、厂家供货档口卖，这些不属于炒货。但厂家供货给不同市场的档口卖，有可能档口卖的价格都不一样。

（2）直接炒货，将货从一个市场转手到另外一个市场卖。

（3）个人或公司做货出来，固定供货给各个炒货的档口卖，比厂家供货给档口多了一个中间环节。但其他人要做他们的货，只能从档口要。

（4）写字楼的商铺，有做工厂货的，有采购统一贴牌的，有地区代理的。贴牌的是炒货，但牌子是他的；订货制的一级代理不属于炒货，二级代理属于炒货。代理制的货品有严格的区域市场保护，区分炒货的意义不大。

3. 识别炒货店铺有如下注意事项：

（1）版多、货品系列多、风格不统一的档口，有炒货的嫌疑。

（2）有的档口即使自己有工厂，但工厂的货也不是一年四季都能卖。只做T恤的工厂，它的档口冬天卖外套就是在炒货。

（3）有的档口既卖自己下单生产的货，也卖炒货。

（4）当天能否备齐货，不能用来识别炒货与否。但在非旺季货品供应十分紧张的时候，经常备不齐货的档口，炒货的嫌疑很大。

（5）有两个以上相同货品的档口，虽然其价格相同，但也有可能都是炒货的。

4．相信自己的眼光。

（1）一样的版，卖价高的档口不会承认炒货，甚至会辩解面料、辅料、做工、工艺等方面的不同。碰到这种情况，要对两个档口的货品进行第二次确认。

（2）炒货是别人的生意，没必要也没理由去批评他，最多只能说他的货贵了。我们达到上货又好又便宜的目的就行。

5

新手如何避免进货的黑洞?

二级批发市场里的店铺，客户以零售店为主，黑零售商的情况会少一些。而一级批发市场里的店铺，以打包客为主，大部分连打包客都敢“黑”，更不用说对零售商了。

何先生一直在二批市场进货，之前跟我讨论过多次服装采购方面的问题。他说自己经常搞不清楚衣服的面料，卖家说什么就是什么，有时摸起来手感差不多，价格却相差好几倍。

面料和工艺是卖家炒作的要点，其中以面料为甚。一级市场，卖家炒作新版、爆版是家常便饭，其实大部分版跟原先的版相差无几，区别就在于面料。新面料一上市，就借新版来炒作，饮“头啖汤”（第一拨儿出锅的汤）的商家会因此赚上一笔。我们与其去批发市场看所谓的新版、爆版，不如留意新面料，这样会更有收获。

新面料上市，批发商借机多赚些钱，属于市场炒作。这与他们黑买家的行为还是有区别的。

何先生问我：“拿货的时候，价格、面料、做工和版，这4个因素的主次应该怎样排？哪方面应该有更多的考虑？”

我认为，应该从消费者的角度出发，成熟的消费者是会综合考虑这4个因素的。一定要分先后顺序的话，就看是什么类型的消费者了。

低档货品的消费者对价格较为敏感，他们考虑的首先是价格，其次考虑做工、版和面料。如果某个消费者买的衣服从来不超过100元，那么他到店铺问衣服的价格，报价150元且不能讲价的话，他会扭头就走，根本不会考虑衣服的做工、版和面料。

中档以上货品的消费者，档次越高，对款式越敏感，对价格则越不敏感。不但款式好，版、面料、做工也都很好的衣服，50 元进价，600 元卖都行。

何先生还问过我南方服装市场的一些情况，之后他就自认为对一级市场了解很透彻了，在换季的时候远道而来打货。换季时上货比较多，他南下拿货就是为了得到更实惠的价格。

何先生南下打货回去后，跟我大倒苦水。他说，发回去的货，版不对、码不对、色不对……我这才知道，他被广州这边的批发商给黑了。

去一级市场打货被黑，除了“炒货门”之外，还有“塞货门”。“塞货门”的手法有如下几种：

· 版不对。批发商放一些不太好卖的版进去，替换买家下单的版。有的版是对的，但面料换成差的了；有的则拿往年的版来替换；更有甚者，发次品来充数。不同的版，价格并不一样，想想，批发商有可能给价钱更高的吗？

· 色不对。版没给错，但颜色不对。

· 码不对。版没给错，但码数不对。

· 数量不对。某个版本来是要一手的，结果有可能给到两手、三手。恶劣一点的批发商，不给够数的事也做得出来。

“炒货门”“塞货门”之外，还有一种就是黑价格。买家要卖家报价，有的卖家开头漫天要价，一看生意要黄了，马上把价格大幅度降下来；卖家也有可能一开始就报低价，先吸引买家，等买家多选了几个版，再将其中某些版的价格报高，要是买家最终只要价格低的版，那么卖家会说：“不好意思，我以为你要拿很多货，所以才给你这个价格的。”

何先生问我有什么办法。我说：“进少量的货，都是一件一件验货后再打包的，但是量大就不好验了。实在要验，会比较辛苦，而且不少衣服的码数要打开薄膜袋才能看到。有的批发商的货是乱码，拿中码、大码的标识贴到小码的衣服上，这个更分辨不出来。试版的时候给你的码数是正常的，备货的时候做了手脚，你要从打包了的货中再抽查，只有自己试穿了才知道，但一般人都不会这样做。有的批发商甚至故意把包打得结结实实的，透明胶绑上好几层，看到这个样子，估计都不会有人想去拆包检查了。”

“现在怎么处理？”何先生继续问。

我说：“你跟批发商投诉，人家大不了说声‘不好意思，太忙了’。你要是换货，好说话的批发商给你换，但运费由你来付，再说这一来一回的，最佳销售时机都错过了。你要退货，好说话的批发商给你退，但退钱基本没门儿，一般是等你下次来拿货时减数。如果批发商蛮不讲理，不给换更不给退，你也不能把他怎么样。”

6
别人日进斗金，自己入不敷出，为什么？

石小姐8月份开始在深圳东门明华二楼做淑女装批发，生意一直很淡，大部分时间是一天几百元的营业额，好的时候1000多元，从没有达到2000元。一个月的档租是1.3万元，毛利20%左右，每天要卖到2000多元才能保本。石小姐天天亏本，亏的都是她和老公两个人多年打工赚来的钱。再这样下去，他们的全部积蓄都将泡汤。

石小姐的货是从广州沙河炒过来的。在东门做批发，不少人从沙河、十三行炒货过来，很容易撞款，加上是低档货，既卖不起价，销量也上不去。大家都炒货，炒来炒去，都赚不到钱，全赔到压货和档租上了。

深圳离广州近，常规的炒货很难赚到钱。一些做货的工厂，在沙河有档口，在东门也有档口，要是卖和他们同类的货品，生意只是亏多亏少的问题。

石小姐说，东门有很多档口的款在沙河找不到货，不知道这些档口有怎样的渠道。正是这些档口的渠道有别于石小姐的常规渠道，才有钱赚。这些档口，有工厂直接供货的，有下单给工厂加工的，有在周边市场进货但渠道较为隐蔽的，有到其他省份进货的，等等。

所谓的隐蔽渠道，比如，有些服装老板可能做生意做久了，市场跑多了，找到好的上家，上家的货只发给熟客，而且每个市场都是独家经营；有的批发商只通过写字楼来发货，在批发市场是找不到他们的，因为他们没有开档口；有的批发商的档口（或写字楼）只是做一个样子，象征性地挂一些过时的版，甚至挂一些根本不是他们自己做的版。

在一些批发市场，包括深圳东门、广州沙河、北京大红门等地，有服装早市。批发市场的档租，少则十几万元一年，多则几十万元一年，一些小本经营的服装作坊，为避开档租，在城管上班之前拿货到批发市场附近卖，就形成了早市。也有专门做早市的商厦。早市的款式，在批发市场里一般找不到，其价格比同类货品要便宜。有生意的地方就会有人扎堆，并浑水摸鱼。当大家都认为早市的货便宜时，就有人炒货，甚至弄垃圾货来卖。

还有一些档口，进货版多量少，相当于买版试版，发现其中有好卖的版，就自己下单，批量生产。这要求有厂家的资源优势。这样就算大家都跟风卖一样的版，他们的价格仍然具有优势。

别人的做法，石小姐完全可以参考，看自己能不能做到。要是都做不到，那只有收手，退出服装行业。

石小姐还动过做库存尾货批发生意的念头，千万不能这样！ 零售店铺，做新货的很少染指外贸库存货；做外贸库存货的，一般不会卖新货。来东门的客户，都是拿新货的。要库存尾货的客户，会去专门的外贸库存尾货市场。此外，尾货市场的租金还没有新货市场的零头那么多。石小姐要是拿做新货的档口来做库存尾货，有多少钱都不够亏。

另辟途径找赚钱的门道可以，但市场的规律必须遵循。像沙河、十三行，甚至白马等市场，确实有人经常到石井商圈、昌岗路市场淘尾货来做，但这是人家的权宜之计。在新货市场，万万不能以卖库存尾货为长久之计。

做生意最郁闷的事，是自己入不敷出，看别人日进斗金又百思不得其解。石小姐就是这么一个郁闷的生意人。在深圳东门市场，石小姐的遭遇绝对不是个案；在其他市场，碰到类似问题的也大有人在。

白马、十三行等批发市场，人流量大，客源丰富，炒货的档口不用培养熟客一样能赚钱。货品好才是硬道理。东门批发市场也是这样，石小姐在货源上多想想办法，还是有机会的。

过了两个月的时间，正好是冬天的第一次寒潮，石小姐的生意忙得不可开交。在这之前，她老公像推销员一样，在广州逐个档口、写字楼找货，终于找到了一个写字楼。对方做大路货品牌，货好，价格有优势，自己不开档口，且只跟档口做生意，一个城市只跟一个批发市场的档口合作。

石小姐说这是没办法才逼出来的路子。做生意总得要赚钱，没有钱赚就得找路子，找不到路子就会被淘汰。

7

附近店铺跟货，还都比自己的便宜，怎么办？

江西南昌的覃小姐，投资了一家女装店，在商业区的边缘地带，非繁华地段。她要在单位上班，一般不坐店，也没有太多时间和精力跑外地货源，只从本地的洪城大市场固定的三四家供应商那里，拿些二、三线品牌和大路货来卖。采取定价销售，夏装售价在150～300元。因为销量还不错，所以批发商给她的政策比较宽松，积压货也不多。

覃小姐在管理上花了些心思，生意也算兴隆，财运不错，年头做到年尾，营业额80万元左右，刨去成本，有20万元进账。

她最近发现，有些附近店铺跟她的货，特别是大路货跟得严重，卖价比她的便宜。7月是淡季，往年这个时候，覃小姐靠一批特价货，销量和利润都比较可观。今年她也想走这条路，但至今没有找到好的货源。

之前一直没有危机感，这回骤然遇到，覃小姐觉得自己的经营模式急需改进。

市场明显不景气，厂商在下单和生产时，都变得小心了，所以库存货大为减少。此外，新开的服装店铺更多了，竞争加剧。很多店铺在进货上采取更加积极主动的方法，他们甚至长驻广州，天天逛批发市场，留意档口是否有尾货。服装店开的多，倒的也多。倒闭的店疯狂甩卖，对其他店铺的影响也很大。

经济环境好的时候，不用劳心劳力地经营，也能做好生意；市场环境不好，遇到难题很正常，这时必须用心经营才能创造业绩。像覃小姐这种情况，店面管理上她倒是有一套，问题就出在货源上。

在本地市场进货，或者到附近的市场进货有诸多好处，时间省了，路费省了，重点跟几家供应商建立良好的合作关系，在换货、补货等操作上比较方便、及时，在价格上也比其他零售商多一些优惠。

经常换货、上货，店铺还可以给顾客一种新款不断的感觉，从而提高人气，促进销售。覃小姐的店铺，离批发市场不足10公里。只要有5件以上的不合格品或滞销品，她都会要求营业员特地跑一次批发市场换货。一次换货、上货，来回车费才几块钱，但盘活的是几百元、上千元的资金。

就近拿货也有劣势，随着市场的变化，就暴露出来了。很多人做生意喜欢扎堆。周边店铺看到覃小姐的生意好，自然就会效仿，覃小姐卖什么，人家就跟着卖，还压低价格来抢客。消费者都是精明人，相邻的几家店铺，一样的货，覃小姐的零售价明显比人家的高，消费者也没有理由到她的店铺购买。

所以，覃小姐走出江西，到广东市场考察，希望扭转局面。出来后才发现，像她这样的销售量，还是可以在广东市场找到批发商，尤其是做女装的批发商，建立良好的合作关系。这些批发商可以代发补货，也可以换货，还可以先寄新版过来看样，甚至直接寄货过来试销。有的批发商，还会介绍一些尾货和特价款。

后来，覃小姐的采购策略是本地市场结合广东市场。毕竟，本地市场还是有外地市场不可取代的优势。

邻店跟货了怎么办？

1. 降价促销。挂在最显眼的位置以最低的价格销售，让顾客觉得你家的货卖得便宜；尽快以低价将货品卖给外地游客或者不太熟悉本地情况的客人。但是这些方法不能从根源上解决问题。

2. 直接撤掉，或跟上家换色、换款。这个方法也不能从根源上解决问题。

3. 自己贴牌，就不怕别人跟货，毕竟品牌货跟别人的就是不一样。但店主要注意塑造品牌价值。

4. 远距离上货，在货源地上跟别人拉开距离。就算别人跟货，自己也能在价格上把别人打垮。降价之前买过衣服的顾客，有的能够理解商家在大出血、在打广告，有的则不能理解。这时候要做好沟通和解释，顾客再次购买的时候，给他一些优惠，或者找机会赠送一份小礼品，给他意外的惊喜。

5. 寻找特殊货源渠道，比如跟一些控货的供应商合作。

6. 寻找隐蔽货源渠道。

7. 不正面应对，不比价格，比服务。

8. 给衣服增加一些配饰，不但不降价，反而提高价格。

做中低档货的店铺，受到地摊影响怎么办?

1. 扬长避短。做差异化，卖他们没有的款式；利用地摊聚集的人气，推出地摊没有的人气产品。

2. 各做各的生意，把心思放到培养自己的顾客群上。

3. 打折、促销、上新款。

4. 贴牌。

5. 寻找货源的特殊渠道、隐蔽渠道。

实体店如何应对网店的冲击?

1. 做原单尾货的，寻找稀缺货品。

2. 做品牌折扣，做性价比高的产品。

3. 做网上找不到的货品。（这点难度很大）

4. 做不在线上做生意的品牌，而且这个品牌会随时监控、处理网店的违规行为；做那些线上、线下经营不同货品的品牌。

5. 贴牌。

6. 女装上新快，做搭配，做连带销售。

7. 做高档货品。

8. 做不方便网购顾客的生意，如工业区上班族。

9. 不允许顾客在店内拍照。

10. 把顾客往微信上引，通过朋友圈营销、互动。对在朋友圈下单的，给予优惠。

8

上货有哪些你会忽略的细节?

郭先生在云南经营一个2000平方米的大卖场，卖服装和鞋子，已经11年了。卖场一直在昆明上货。郭先生不是不知道昆明是二级市场，只是生意做得较为顺利，也就没有想过到一级市场上货。

随着市场在发生变化，面对运营成本的提高、竞争对手的增加、营业额和利润的下滑，郭先生坐不住了。他在外转了一圈，考察了武汉、杭州、常熟、濮院、织里和广州等地的服装批发市场。

看过郭先生的路线，再跟他聊了一会儿，我就知道他对批发市场的了解仅限于道听途说。濮院是羊毛衫的生产基地，织里是童装的生产基地，这些专业的市场，他都有针对性地去了。但他在武汉找中老年装，只知道去大夹街，而不知道去其他市场；他甚至认为广州主要是做成人装和少男少女装的市场。

此外，郭先生对春夏秋冬分别应该到哪儿上货也没个谱，对批发市场的打货规矩更是一头雾水。2000平方米的大卖场，一年500万元以上的营业额，其老板对批发市场的认识还比不上一个十几平方米店铺的小老板。

郭先生现在得补补课了。

1．打包与拿货。打包的进货量较大，客人一般是二批、大卖场、连锁店、网店中、大卖家等；拿货的进货量不大，客人主要是实体零售店主和网店小卖家等。两者的划分界限是拿货量和拿货金额，具体的标准各个档口不同。

十三行市场、档口的要求会低一些，写字楼的要求则高一些；对熟客的要求会低一些，对爆款、新款的要求会高一些。一些零售店在某个档口上货的量特别大，也可以享受打包客的待遇。打包客还有一种说法——打大包。个别生意做得大的人，为了显示与众不同，会特别说明自己是打大包的。

2．价格。打包的量越大就越优惠，拿货的价格最高。打包与拿货的价格相差多少，看货品和批发商个人的价格体系。货品单价高，价差几十元都有可能；货品单价小，价差几毛钱也不奇怪。有的档口只做打包客，不做散客。付钱时，一部分档口是可以砍尾数的。女装的利润空间大，砍掉几十元、上百元尾数都有可能，但有的档口只给砍掉个位数。

3．点货。小批量的散客是点货、备货、验货、发货都在现场同时进行。打包客应该多走几个市场，向有兴趣的档口索取卡片或白单——印有档口资料的空白出货单，进行比较，确定了某个档口的货品后，再去点货下单。点货时记得保留底单，以便验货时有据可查，防止塞货。不同档口对拿货的色、码、版等有不同的要求，有的要求全部客人都齐色齐码地拿货，还要五手、十手不等的量起拿，有的只要求打包客齐色齐码地拿货，有的则不做要求。

4．备货。打包货量大，档口不一定能备齐货。同时在多个档口打货，建议留足时间给他们备货。也有打包客点完货后交钱走人，由档口备货、代发货。国庆、元旦等节日前，批发档口供货紧张，物流也紧张，备货时间要提前。因备货不及时、物流延误错过了销售高峰，损失可就大了。

5．验货。对于打包客来说，验货是件麻烦事。量大，时间上不允许每一包、每一件都验。建议验新客不验老客，但不排除老客也会塞货。对于老客，建议抽查量大的，视抽查情况决定是否全部拆包查验，如塞货严重就退单处理。要跟每一个档口强调，乱塞货就要退货。对继续合作的档口，在不方便退换乱塞的货时，可要求他们降价处理，货款在下一次上货时抵扣。

6．发货。最省事的方法就是把收货地址、收货人联系电话等资料交给档口，由档口交货给物流公司，或者送货到自己指定的物流公司。也可以叫车仔负责收货。车仔是批发市场统一管理的协助搬运、发货的人员，身披有编号的马甲。车仔的服务比较周到，可以把几个小包打成一个大包。车仔的管理十分严格，外人不敢假冒。不过，最好还是请档口介绍车仔，并且记得索取车仔的电话号码。

长途发货，要先在本地确认物流公司在发货地的办事点。在发货地，每一家物流公司都说可以直达发货，其实绝大部分会转车。转车的物流公司会多收一点服务费用，耽误一两天发货时间。

销售高峰前那段时间，叫档口或车仔代发货有风险，要提前防范，发货时最好将货跟进到物流公司。有一年“五一”前，我叫车仔代发3万元的货，并指定了物流公司。车仔贪图方便，将货就近交给一家没有直达车的物流公司，结果延误了5天才到货。这5天，我损失了好几万元的营业额。

公路货运成本不高，夏装的成本一两毛钱一件，冬装的相对高一点。发到批发市场的货，大部分物流公司会送到档口。对零售店铺则不会免费送货上门。

在广州，批发市场的物流点大都是物流中心的代办点，物流费用虽然不高，但比起物流中心还是高出很多，货量大、运输距离长的差价更明显。2012年，我有三大包货要发到包头市，直接拉到石井那边的物流中心包头专线，费用只需80元。如果拿到十三行的物流点发，估计要400元。

7. 换货。要保留好供应商的资料，以便随时联系沟通。当时要确认是否可以换货。换货分两种，一种是只换色、换码不换版，一种是可以换版。我们不仅要争取可以换版，换货的时间也要尽量长些。如果和供应商关系好，他的版一个月之后还在卖，这时也是可以争取换货的。

换版时会碰到价格问题。原版已经降价，一般供应商会按原价，也有按降价后的价格。换取的新版，供应商有可能会抬高一点价格。现场换货的话，可以先问价格后换货。

8. 补货。大多数供应商受理电话通知补货。关系熟了，供应商还会推荐新版。电话通知补货，供应商也会乱发版、色、码。碰到这种情况，就按塞货跟他们谈条件。电话通知补货次数多了，买家叫供应商报价，不可能每个版都讲价，大不了就是叮嘱一句“你要给我最低价”了事。在电话里看不到货，也没有市场对比，讲价就是多此一举。

有了微信之后，补货就更加方便了。有些档口小妹，还会利用微信兼营别的档口的货，赚取外快。现在，越来越多的人选择跟买手合作，以及在网上进货、补货。

9 如何和批发商打交道?

王婆卖瓜，自卖自夸。没有批发档口会说自己的货品不行。采购的时候只信别人不信自己，回去不好卖了，可别怪人家忽悠自己，要怪只能怪自己没主见。

有一个供应商，做出一批连衣裙，大码、中码的发往北方，剩下的全是小码。生产的时候出现差错，衣服是小码，但领口大小跟中码一样。这样的货，放在北方，码数小了，放在南方，领口又大了。清货的时候，供应商对这些缺陷只字不提，一个劲儿地夸大其款式和价格。同类货品打包价45元，现在清货价10元，有大卖场拿了3000件，先是卖88元，后来卖18元，3年都卖不完。

服装有款式、版型、码数等差异，消费群体有地区、年龄、体型等差异。款式好只是相对的，不同地区的群体及个体的审美观都不相同。时尚的款式又挑身材，没有一件衣服有放到谁的身上都好看。青年人与中老年人、北方人与南方人的体型都有所不同。对于中老年装，要考虑到他们身材的“横向发展”；发往北方的裤子，腰围和臀围的尺寸比例要大一点，等等。

四川那边什么码好卖？什么样的衣服好卖？小码好卖。四川人皮肤白，对服装的颜色是有要求的；身材好，穿着也敢露。山东呢？那就相对保守一些。东北那边是什么样的消费文化？听说前几年，东北那边的初中生都十分好名牌，穿品牌的衣服logo越大越好，鞋子的logo要是被裤脚盖过了，就会把裤脚卷起来，露出logo。这几年东北的情况又如何呢？以前中年妇女穿连衣裙大都会选择有袖子的，怕露出大胳膊；最近几年开始敢露了，敢穿吊带裙了。广东呢？一直都比较随意，大夏天的，T恤一件、短裤一条、拖鞋一双。这是消费文化，而且会随着时间的推移发生变化。

批发商做货，都会考虑到货品的销售区域和消费群体。当然，也难免会有失误的时候，做出来的货放哪儿都不好卖。批发商在卖货的时候，能有多少人会告诉买家，他的货只卖北方不卖南方？更不会有批发商跟买家讲，他的货不好卖！

批发商只管卖货给你，至于你怎么卖，他才不管。所以说，看货全凭你的眼光。眼光，就是判断货的款式和消费市场的能力。卖服装，眼光好才能赚大钱。没有眼光，哪来的主见？听信批发商所说，货拿回去卖不动了，骂批发商坑人、骗人又有什么用？

你去找批发商出气，他们会说："不可能！我的货卖得特好，××省的××都补了五六次货。"批发商的话是错是对，与买家无关。与买家有关的是，除了眼光之外，还要多留一个心眼儿。

马先生是一个童装品牌的省代理，他每年要到虎门两次，参加该品牌公司春夏、秋冬两季的订货会。该品牌服饰的款式都很时尚，销售人员会一直跟在旁边说这个款好、那个款好，希望马先生订货越多越好。订货是要马上交押金的，这个时候要镇定，要有主见。虽然品牌公司常说与客户共赢，但它不会为客户的压货、投资亏损负责。

该品牌公司给10%的换货率，马先生订货以版多量少为原则，每个版不敢订太多，少部分自己认为很好卖的版就多订些。一般一个版都有两三个色，不是每个色都上，大部分的版就上一个色，少部分上两个色，类似的版，色可以交叉来上。

订货会上，公司不可能将全季的版都做出样板。马先生刚开始以为上图册的都是爆版，图册里的所有款他都上，一个款订货五手。结果货发回来，色调都比图册上的深。原来公司为好看，会选一些搭配花哨的款上图册，但这样的款式不一定适合市场需求。后来，他重新调过订单，调浅色的货回来。

物有所值也很关键。有的衣服样式确实好看，但是其价格远远超出价值。马先生上过几次这样的货，回来后都是降价处理。这怪不了任何人，只能痛定思痛，练就一双慧眼。在商界来回穿梭，吃亏是福，就等于常在河边走一样，丢双鞋算什么，不把自己掉进去就好了。

马先生的经验是，在他的市场，父母大都不喜欢给孩子穿深色、冷色调的衣服。夏装尽量少订深色衣服，冬装深色的也不要太多，以浅色、鲜艳的暖色及中性色调为主。至于码数，要根据店铺的定位来选，看店铺是以小童为主，还是以中大童为主。但现在的孩子都长得比较快，而且家长也喜欢给孩子买稍微大一点的衣服，所以偏大点的码会好卖些。

去批发市场，向档口问价格，大部分档口既不先回答，也不先问客人是打包还是拿货，而是先问客人是哪里的。有人弄不懂这些档口为什么放着生意不谈，先问这些情况。其实，档口的意思是，有人打包的地方，他不会给第二个人拿货；没有人打包的市或县，他也只会发货给一家零售商。一旦与这些档口合作，生意是非常有保障的，因为他们的货有市场，才会控制市场，控制好市场，就没有互相压价的恶性竞争之忧。

没有市场的货，就谈不上控货。他们有生意就做，不管客人来自哪里。当然，也有货卖得好的批发商不控货的，搞得下家做一个怕一个。这样的批发商仗着自己的货好，很难积累起客人，一旦货不好，就没人理他了。

控货是厂商的一种态度。很多品牌和大路货的加盟商、经销商擅自窜货。比如，某市的代理拿货2.5折，零售价通常是6～8折。他私下发货给其他城市的零售商、实体店、网店和地摊等，3折给他们，对方卖5折都可以。市场就是这样被搞乱的。

一些市级代理，一年下来有几十万元的尾货，在本市特卖会影响自己应季货品的销售，就想办法把尾货发到其他城市处理。其他城市的代理受到影响就在所难免。

有些走专柜、专卖加盟路线的品牌，库存过多，资金压力大，为了多回笼一些资金，库存货品不剪标处理的事情时有发生。库存商拿了货后，到处找地方特卖，搞得其他加盟商苦不堪言。

如果不是做加盟的厂商，直接为零售商控货的情况不多见。零售商在厂商那里拿货，就没办法要求人家控货。但在二级市场拿货，一定得要求批发商控货。如果不控货，到头来只是帮上家卖货，自己的钱没赚着，这种生意还能做吗？

马先生去谈另外一个品牌代理的时候，厂家说只要订货量够，控货肯定没有问题，他就订了二十多万元的货。后来旁边有三家店铺出现窜货，厂家又查不出是从哪里窜来的，搞得马先生这批生意没法做。他跟那三家店主说了情况，有两家以后不再卖这个牌子，但是第三家说："我又不是在厂家拿的，你管得着吗？"

这个牌子由于窜货竞争，压了近10万元的货不好走，责任在于厂家控货不严，马先生就跟厂家协商退货退钱。厂家不答应退货，只是把换货率提高到25%。后来，马先生再把销售价格调低，同时加大投资，多开一家店出货，才勉强度过这次危机。

马先生代理的第一个牌子，款式比较好，色调大众化，而且厂家控货严格，货一到档口，批发、零售都很热销；这个窜货的牌子，款式、颜色过于个性化，能接受的客户群比较小。这说明，不怎么好卖的货往往是不控货的。

这次教训告诉马先生，以后再选牌子得慎重，没了解清楚的牌子不能一下投入太多资金，同时要备有部分周转资金，否则，第一批货压了没资金调整，就会直接倒闭。

10 为什么说大通铺是服装人的学堂?

云南某集团公司想进入服装行业，投资运营一个自主品牌，安排两个小组分别考察珠三角和长三角的服装批发市场。这两个地方，该公司的刘经理都要考察，他出发之前打电话问我：“杭州有没有大通铺？”

大通铺，是指服装批发市场附近价格低廉的小旅馆，有点像家庭旅馆，房间有单人房、双人房、多人房，大多数是分上下铺的床位。一些离一级批发市场较远省市的二级批发商及零售店主等，选择住在大通铺，长期驻扎在一级批发市场采购服装。

据我所知，杭州没有这样的大通铺，四季青服装城周边的旅馆，一个小单间要四五十元。武汉有大通铺，在大夹街、全新街附近。去杭州、武汉长驻打货的人不多，在广州长驻打货的人最多。广州的大通铺特别多，床位价格低的三四十元，高的六七十元，包月价格更优惠。有的大通铺还可以包中餐、晚餐，费用特别低廉，比在外面吃快餐要实惠、丰富。大部分大通铺有稳定的客户，不是做服装的、不是熟客介绍的，都不接待。也有少部分大通铺会到市场去拉客户。在沙河市场，天天可以看到发住宿卡片的人。

刘经理只能在广州住大通铺了。一个集团公司的经理不住星级宾馆，去住大通铺，可谓用心良苦。

广州的大通铺，聚集了来自全国各地的服装小老板，有数万人的规模。他们往往吃苦耐劳、精打细算，所以生意做得比本地市场的同行要好，钱赚得多的，一年能进几百万、上千万元。

罗小姐在华东某市做大路货的二级批发。她说服装行业竞争激烈，市场上每天都有新款出现，而且价格随时可能发生变化。某个档口做出一个爆版，两三天后就会被其他档口仿做出来，价格马上也随之下跌。如果不时刻注意市场动向，把握进货的时机和尺度，生意就很被动。

罗小姐一年有4个月的时间住在大通铺，4月底住到6月底，8月中旬住到10月，年前也会不定期过来。一些搞连锁经营、超市服装、服装大卖场、服装特卖场的老板，住的时间更长，年后出来，到年前才回家，生意都是由家人打理。像罗小姐，自己在外上货，她老公在家管店。

东北、西北、华北、华东等地区的客人，做广州货，十分注意版型及尺寸。很多货品的版和版型都不错，但并不一定适合他们。做大路货，要自己选版配货。虽然配货麻烦，但风险小。罗小姐碰到均码的版，吃不准时，第一手货一般选4个色，每个色5件，共20件，发回家即使不好卖，损失也没有多大。

有些批发档口，色可以选，但码不能选，碰到爆版，还要抢货，抓到什么算什么。打货的人经常碰到这些问题，货是抢到手了，码色却不全，也不是自己想要的。罗小姐同大通铺的人一起逛市场，碰到这些问题，她们之间还可以协调换货。

北方客一般做中码、大码，南方客一般做小码、中码。有一次抢货，罗小姐抢到的全是小码，而另外一个成都老板抢到的全是大码。她们就将货互换，各取所需。

大通铺里的小老板们，除了找新版爆版、了解行情之外，还找档口的尾货。合适的话，他们还会一起吃货。有时候碰上一批好的尾货，能赚个三五万元。

罗小姐一般上午走市场，其余时间，她大部分会待在大通铺和室友们交流生意经。她住的房间有10个床位，五湖四海的服装小老板都有。全国各地服装市场的动态、信息，都可以在大通铺里得到。搜集这些服装信息，也是刘经理住大通铺的目的之一。

此外，住大通铺的老板们，大部分做的都是中低端服装。他们对进货价甚至一毛、两毛地跟人家还价，对店铺经营的收支情况细化到每一天、每一批货，对货源市场和零售市场的货品走向十分敏感，跟风较为及时。这些东西，都是刘经理想学习的。

也有跟大通铺的朋友做一样生意的人，他们选择一个月坐两次飞机到广州进货。我了解过他们一年赚的钱，坐飞机进货的朋友能赚10万元的话，住大通铺的朋友就能赚20万元。

住大通铺的朋友，买最便宜的火车票或大巴票来回。在广州，他们换上话费最合算的本地号码。有的人甚至连电话都很少用，主要通过上网来跟家里沟通。

山东临沂的郑先生，2009年从零售转做批发，由于不熟悉批发业务，头一年亏了15万元。他来到广州，经人介绍，住进了大通铺。开始他没有觉察到大通铺会给他带来什么价值，每天都是大通铺、市场两点一线，逛市场时都是从最底一层逛到最高一层，没发现什么好的货品，自己的生意也丝毫没有得到改善。

后来，他听说在大通铺可以获得很多信息，结交很多服装同行，于是主动出击，找机会和别人聊天。一个偶然的机会，郑先生听说武汉的某个人做小衫，旺季的时候每天出货五六千件，而这个人就和他住在同一个大通铺里。郑先生想办法和这个人接触、聊天，然后一起吃饭、喝酒。后来对方将自己的供应商介绍给了郑先生。其实，那个供应商就在十三行的写字楼上，只是人家从不把自己的版挂出来，也不接待陌生的客人。

从此，郑先生的生意出现了逆转。2012年，他全年做了800万元的营业额，货品的毛利率30%，而且他全年不用到广州一次，全部由供应商直接发货。

有些朋友在开店铺之前，选择到批发市场打工，学习一段时间。为了争取到这样的学习机会，他们不要工资都愿意。如果到广州的批发市场打工，选择住在大通铺，还可以快速学习到在其他地方永远都学不到的生意经。大通铺，是服装人的学堂。

11

为什么说10年出个状元郎，却出不了个生意精？

2009年11月初，棉服开始热销。在广州沙河大通铺的几个二批，做的都是低端的货品。因为他们分别在不同的城市，经营的方向各不相同，所以打货时的价位都不一样。

成都荷花池批发市场的朋友，做打包价在40～70元的棉服；郑州锦荣商城的朋友，做打包价在20～30元的棉服；而开小姐，在安徽一个三线城市做批发，做打包价在20～70元的棉服。

成都朋友的店铺位置不错，货品定位在都市销售，适合做时尚新潮一点的服装；郑州朋友的客户，大部分来自县乡一级，便宜些的衣服更有市场。成都和郑州的服装消费市场都大，他们只要抓住其中一点，就可以把生意做得很大，做杂了反而会削弱自己的竞争能力。

开小姐所在市场的辐射力跟前两者没法比，如果只定位城市或乡镇，万一碰到货品不对路，就没有回旋的余地。她同时面向城市和乡镇的市场，批零兼营，一年的营业额不比成都和郑州的朋友差。

开小姐做了3年服装生意，仍称自己为新手。她旁边的档口，做生意的时间都比她长。他们就近到常熟进货，跟上家保持多年的合作，很少会去较远的地方打货。新人如果在货源上没有突破，还是到常熟进货的话，跟老手们竞争没有优势，很难将他们多年积累的熟客抢过来。所以开小姐的档口一开，就选择以常熟之外的一级市场为主要货源地。

开小姐执行的是夏天“南货北上”、冬天“北货南下”的进货方针，春夏秋卖广州沙河的货，冬天主要卖武汉中心商城和杭州环北的货，常熟招商城的货也卖一点。

卖衣服是看天吃饭的生意。开小姐说，能看准季节转换和天气变化，掌握好进货节奏的人，肯定是个生意精。

10月下旬，大通铺里陆陆续续有人离开广州，开小姐却留了下来。那时，她家里的温度还稳定在26℃左右，她的档口还在卖衬衫和小西服。前两年，她那里的羽绒服不好卖，所以她不敢急着上厚的棉服。薄一点的棉服，广州的货在款式和价位上有一些优势。11月初，开小姐还在广州上这些货。

天气预报说家里要下雪，开小姐上了一批薄棉服后，就回家静观天气变化。她感觉冬天马上要来到，得随时准备去别的地方上厚棉服了。开小姐没有预料到，回家第二天就降温了，而且降温幅度是那么大。

这一次降温，厚棉服脱销。开小姐也想过去武汉和杭州抢些货回来卖，但考虑到往年此时正当冷的时候，厂家的货都不能很快生产出来，市场的现货价格也提上来了，不涨价的货都是差的，拿回来也只有压货的份儿，最后，她还是决定不出去，留在家里观望。

开小姐错失了一次赚钱的机会。寒潮过后，她上了一些厚棉服。原想多上一些，但看到气温回升不少，又不敢了。消费者该买冬装的都买了，零售店铺上次备足了货，肯定还有不少存货，这时候她再上太多厚棉服，压货风险太大。后来，开小姐适量上了一些打底衫，以及适合过年卖的衣服，如卫衣等。

“宁缺货，不压货”，零售店一般都有这种心态，开小姐也有，一批也有。有些一批，为了避免出现过多的库存，冬装不敢生产太多。这次降温，大多数一批的棉衣被抢空。冬装投入大，成本高，一下子生产太多货，要是压住了可不是闹着玩的，有可能生意因此周转不灵而元气大伤。衣服抢空就抢空，大不了补单。补单也是看着来，不会一下补太多。天气这东西，他们不敢赌。

有人卖服装，不知道淡旺季，不懂得生意与天气有关，上货的时候糊里糊涂，看进价便宜，一下子上了一大批棉衣。等天冷了，赚钱的就是他。这就是运气，做生意，一定要讲运气。

但不是每个人都有好运气。10月才开始摆服装地摊的小王，在11月有一段时间，一天能卖出一两百件长袖。他以为生意好做，一下子补货2000件。没想到到了12月，一天才卖几件衣服。他打电话问我怎么办。长袖是春秋卖的货品，我叫他赶紧清货。最初卖20元一件，后来降价到15元一件。他问我清货是不是要卖10元一件。我跟他说，货太多了，得卖20元两件。

小王还问我："深圳以后的天气还会冷吗？"我说按一般的情况，过年前还会冷一把。但不管冷不冷，都要上些冬装，因为工业区的人大部分要回家过年，家里冷，会先在深圳买御寒的衣服。如果等天冷了再去上货，肯定来不及，即使批发商有货也会很贵。若是担心天气不冷，就少备一些货，有备无患。

换季都应该有备无患。9月的南方省份，大部分地区还很热，夏装卖不动，秋装没人买。这时候，反正是都动不了，夏装应该果断入库，免得影响店面形象。秋装应该上齐，也可以顺带备些薄冬装，以防天气忽然变凉，因货品没有准备好而痛失良机。到了10月，如果天气仍然很热，很多人就不敢上厚的冬装，怕上得太早。其实，这时应该多少备一些厚的冬装了。

长沙进入冬季速度很快，从穿短袖马上能改穿厚外套。新手刘先生10月中旬到广州上货，考虑到车费和运费等成本，所以一次性进了8000元的秋装。那次进货，长沙和广州都很热，等他回到长沙后，气温骤降。于是，他在回来后不到一周，又去了趟广州上冬装。

可是这次上货，广州的厚款还没什么新版，大部分批发商拿去年的存货卖，他上的全是这些货。刘先生没有好的办法解决这批旧款的货，迫于资金短缺的压力，只好降价收回货款，再从株洲进些新款带动老款的销售。

由此可见，就算不是生意精，新手总是要比老手多吃一点亏。做生意不能光靠运气，还是努力做生意精为好。

全国各地的服装集散地，其市场定位和货品特点各有不同。

1．春、夏、秋装以广东货为主，冬装以广东以北的货为主。北京的棉服、河南的裤子、杭州的毛呢、武汉的大衣有优势，广东货在款式上有优势。

2．女装集中在广州、虎门、深圳和杭州，童装集中在浙江湖州织里、福建石狮、广东广州和佛山、虎门，牛仔还是以广东货为主。

3．东莞大朗、广州新塘，分别是羊毛衫和牛仔的生产名镇，但实际上，他们内销的货品基本上是通过广州的市场分销出去，像织里、石狮、佛山、广州的童装，都有互相炒货，即窜货的。

4．广州的沙河为低档货集散地，十三行为中低档货集散地，站西、白马一带为中高档货集散地。

5．沙河虽然是低档货的集散地，但也有炒货的档口，有的就在沙河内部炒货。沙河服装批发市场货品种类较为齐全，但并非所有货品都出自广州，有很多货品是附近省市的专业生产基地过来的。

6．广东的惠东银基、石龙西湖等批发市场，以做服装大卖场的生意为主；富民则较为综合，有以做大卖场为主的档口，有以做外单为主的档口，大部分是做国内批发的档口；广州的批发市场最多，毛织、针织、牛仔、女装、童装，以及外贸内贸等，都有细分的批发市场。

7．广东做库存货比较有名的市场分别是广州石井和昌岗、中山沙溪、东莞大朗。

12

在旺季靠尾货赚大钱，他们是怎么做到的？

新款上市，价格会高一些。走得不错的话，高价位维持的时间就会长些。

一些运动休闲品牌的经典款，可以卖上几年；像较为时尚、流行的女装，也有个别款能卖上三五年。有些款式，是全国流行的；有些款式，是区域性流行的。区域性具体表现在地理上的差异、城市与农村的差异、每个地方的经济水平、文化生活习惯和消费习惯的差异。有的款式，北方流行南方不流行，城市流行农村不流行；有的款式，有时间性，今年城市流行明年农村流行，今年南方流行明年北方流行。

批发商的版，面对的是大部分地区，甚至全国范围内的消费群体。绝大部分版，上市一段时间之后，批发商就会收版，不做了。不做的原因有很多：别人仿版、季节变换与天气变化、大部分客户不补货了、推出新版等。剩下那些尾货，批发商往往会便宜处理。

全国各地天气差异大，因季节变换和天气变化而收版的尾货，还有适销的地方，一些批发商，不到最后，是不愿意放手的。武汉的批发商一般会想办法在元旦前把货出完。春节晚一点的年份，再推迟10天左右。开小姐把握好这些细节，每年在这段时间就会去武汉淘些便宜货回来，年前年后零卖。

有一年，还有一个星期过年。有一批货，平常的打包价是45元，开小姐出28元，老板娘不给。开小姐跟老板娘开玩笑说："说不定年后这个版还是我给你卖。"结果真被开小姐说中了。过了年，正月初十，那老板娘打电话给开小姐，说15元卖给她。

开小姐告诉我：

前些日子，武汉中心商城××档出了一个爆版，打包价20元，我卖得不错。过一段时间他家改做新版了，这个爆版收版不做，还剩下100多件尾货。

我老公在家三番五次给那个老板打电话，对方坚持15元清货，我们出14元，他不肯。我人在广州，不能为了这100多件衣服去一趟武汉，所以没法验证衣服的质量。衣服应该是断色断码的，如果再有残次品，15元的价格划不来。通过电话交谈，老板口气硬得很，怎么说都不肯降价，于是我叫老公这几天一个电话都不要打给他。

等过了几天，我的一位好朋友到武汉进货，我请这位朋友去面谈。因为有的地方天气已经冷了，市场全部在做加厚的衣服，××档这个曾经的爆版都快成了无人问津的垃圾，估计他的客户当中只有我那里还能卖。

我朋友是个砍价能手，8块钱就全吃了，共150件货。听朋友说，老板点货的时候还很郁闷，说有一个人出价十三四元都没给。

开小姐所在的三级城市，对服装的流行性和时尚性不是特别敏感，再说她那里的档口都是批零兼营，这150件衣服给开小姐带来了4000多元的利润。

不少零售商有一个误区，以为尾货就是季末时的清货，只想到时进些尾货回来，拼个价格，搞促销活动，支撑淡季的营业额和利润，而开小姐把这些货看成一个重要的利润来源。大部分季前推出的版不能走完一个季节，尾货随时都有。旺季正是赚钱的大好时机，很少会有零售商想到进些尾货来上架销售。开小姐盯着那些自己好销而上家又停了的版，已经好几年了。有时她碰上一批四五百件这样的货，一单生意就能赚上万元。开小姐这样操作，一年最多能赚10万元，比常规的进货赚得还多。

批发市场常年都有来自全国各地的收零星尾货的人，可见这样的操作，并非开小姐个人独有。但这样操作，也并非所有的人都留意得到。听了这个故事之后，如果你觉得这样操作能给自己带来利润，不妨尝试一下。

13

为什么进货时细节决定赢利?

福建石狮的小陆，跟下家谈好了一批800件羽绒服的库存，然后他出门办事，也准备顺便到上家那里交押金把货定下来。在路上，小陆发现没带钱包，就没去成上家那里，但他也没有跟上家打招呼。小陆的下家不知道通过什么办法，当天直接找到他的上家，把这批羽绒服全吃了下来。小陆为此少了数万元的收入。

进货路上的故事多，其中蕴含的道理是细节决定赢利。

做大路货的朋友应该知道，各个市场的很多爆版，档主是藏着卖的，不挂版，更不上模特。怎么发现这些爆版呢？看到哪个档口堆的黑袋子多，或者比较忙碌，档口挂的衣服又不怎么显眼，那一定要去问问老板了。装作打过他家货的老成模样问一声：“你家有没有新货啊？”至于如何根据档主的反应深入跟他沟通，就看各位的临场发挥了。

还有就是经常去档主的仓库附近转一转，也许会有收获。别小看这些细节，撞上一个好版，或许就是上万元的收入。

十三行商圈的仓库区大都在市场周边。康王南路西关大厦西边对面，之前有好几个仓库。二楼的一个仓库，有十几个工人，秋冬季每天出货至少是1.5吨的车装满，大卡车整车出货更如家常便饭。他们做的是毛衣，款式很普通，看上去有些老气，这些货在档口很难有人看得上。只有到了仓库区亲眼目睹，才敢相信原来这些就是爆款。

红遍天市场的负二层有不少位置是新中国大厦的档主租来做仓库的，到那里看一看，哪家租的位置大、堆的货多，那家就是旺家。

在档口、写字楼看谁家货多货少，是看不出旺家的。收尾货的人专门留意谁家货多货少，一般早上货多，到中午收档之前货还是那么多的，基本上是卖不掉的货，尾货商这时就会去跟档主谈收购。

部分打货的人也能揣摩到一些规律，比如有的档口在关档前的卖价是最低的。十三行的一个档口老板说，卖价低的还有可能是早上第一个开市的。这个老板还说，老板娘亲自守档的话少几块钱也卖，没有权力的小妹一般只能按统一价格卖。

山东的一位朋友，主要在广州和深圳两地进货。每次进货的原则就是跑遍市场，除了关注经常拿货的上家，还关注市场上其他批发商的特批款式。特批款式往往可以带来更高的利润。

他说服装这个行业，好的货源实在是太重要了。好的货源，一方面是指有价格优势，另一方面是指更适合市场快速销售的款式。怎样找到好的货源？一个答案，就是多跑批发市场，多观察细节。跑得多了，什么工厂、库存等，都能跑出来。

不管去哪里拿货，拿货人的眼光、审美观都很重要。别人卖得好的，跟风未必卖得好。一定要注意地域的因素，款式可以大同小异，但是码数不能忽视。如果把握不准时尚流行因素，解决的办法是，先多看几遍市场，然后再决定拿货与否；多看一些时尚杂志；少量多次拿货。

临沂的郑先生冬天到武汉打货。要想找到好货，只逛市场远远不够。他要寻找一个突破口，想办法结识一个“扁担”（就是前面说到的虎门市场的车仔，各地的说法不一样）。后来，郑先生结识了“扁担”老崔，平时有事没事就买些酒菜去和老崔聊天。大家熟了之后，郑先生就很真诚地把自己的实际情况告诉老崔，说自己是新手，真心想得到老崔的帮助。老崔跟郑先生说了很多服装市场上的事情，比如厂家出新款了他第一个知道，客户打包都是他经手，哪个款式、哪个颜色、一天发多少货、发到哪儿，他都清楚。

以郑先生当时的实力，一些大厂他是攀不上的，但是他知道这些信息之后，就可以在市场上找到同样的爆款。郑先生跟供应商谈的时候，还会把那些大厂的信息说出来，这样供应商就认为他是大客，很热情地招呼他，并给他优惠的价格，而且第一次现金打货之后，后面的都是签单赊账。

再后来，老崔帮助他成功拿到这些大厂的货。而且有新款爆款供不应求的时候，老崔也会帮他抢到货。

郑先生总结了结识“扁担”的价值：

1. 他们能拿到第一手的新款爆款信息；

2. 他们手里有全国各地服装经营者的人脉资源；

3. 旺季的时候会帮助你抢货，并优先发货；

4. 厂家对他们很信任，很多时候他们帮你说句话，你不用先花钱就能拿到货。

有一位新手去广州打货，几天下来，他在批发市场跟人家聊天的时间，占去了大半。他说跟人打听东西要看交际能力，比如递根烟给保安，聊上一阵，他会告诉你××档口的货最好走；在杂货店买瓶水，杂货店的老板闲着没事，也很乐意提供市场货品的大体情况；在小档口买上几双袜子，老板都能提供其他各种货品最便宜的渠道；等等。他们提供的信息都很有价值，让新手少走很多冤枉路。

这位新手，有一天中午1点半来到十三行的五楼。这个时间点，大部分档口都关门了。有一个比较大的档口，卖中高档的针织货品，老板是重庆人，在收档，见到有人来了，知道是新手，就招呼他坐下来。老板跟他讲自己做服装生意的经历，说了不少成功的经验。老板知道他不拿货，也不要求他拿货，很乐意教他一些东西。一个小时的时间，新手学到了别人几年都学不到的东西。重庆老板最后还总结了一句话送给新手：做服装，不能急，多花时间跑跑市场，把自己定位准了再下手，大胆别怕，就能做得好。能碰上这样的老板，真是超级幸运。

内蒙古的李小姐，出门打货，坚持安全第一。她出门的首选交通方式是坐火车，只带少量现金，货款全部是拿银行卡到目的地提现。异地提款的手续费有点高，不过，她认为，能在火车上安心睡觉，休息好了有精力进货，也是一种效益。再说，现在有的银行卡异地取款也不收手续费，通过支付宝转到异地办理的银行卡也不用手续费。

山东的李大姐做得更细，她每次先确定付多少款，才叫家里人打款进卡。基本上是每到一个地方，进一次货，打一次款。打款和取款是麻烦点，但是“小心驶得万年船”，做生意赚钱，能做到平平安安一直赚下去，那是最好不过的事情了。

进货路上细节多，需要自己不断地学习和积累了。像现在的拼货和买手等模式，在阿里巴巴等批发网站都可以为自己找到又好又便宜的货源。

14

网上采购的骗局到底有多少?

网友郭先生问:“我看到网店上有很多做CK内衣、内裤的,十几、二十几块钱一条,质量也非常好。卖这么便宜,他们的利润能达到多少呢?如果想批发,去哪里找这样的工厂?”

我说:“别人的利润具体是多少,可能只有他们自己知道。内衣的加工成本,低的几块、十几块钱,高的三四十块钱。货品分为正品和仿品,正品也有低价流到市场的,不过是非正常的渠道。要想找到货源,只有自己找这行的人了解,或到网上搜。”

郭先生接着说:“我觉得在网上找货源很不靠谱,找了很多,批发的价格比零售价格还贵,是不是倒了几手的?我感觉在网上找优质货源不容易。”

我说:“网上找货源容易的话,那么做生意也太容易了。太容易做成的生意,最终反而更不好做。网上找货源有不靠谱的,确实是有一些网络骗子,但不可否认,也确确实实有大把人在网上搜出了赚钱的机会。”

郭先生说:“我在网上看到一个××服饰的广告,他们全部的货品在9~99元,我打电话问过他们,说第一次进货必须达到1.98万元,卖不掉的、过季的衣服,全部可以换货。这家公司会不会是骗子公司?”

只凭郭先生讲的这些,要判断这是不是骗子公司,不好说。我只能提供一些意见,供他参考。

骗子的智商不低。大家的防范意识变强,他们的花招更多。与其见招拆招,亡羊补牢,不如抓住所有骗局的核心。

首先是价格便宜,条件诱人。骗子的图片可能很漂亮,价格有可能是市面的1/2、1/3，甚至低得难以想象。有的购买条件非常诱人，最诱人的就是所有货都包退包换，意思是说，合作的人想不发财都难。

郭先生发了一个批发网站的链接给我看，里面的货品很震撼，当季的纯棉女T恤，有绣花钉珠的，10元一件；高仿牛仔，15元一条，图片还是用明星做的模特。我说，货品真如网站图文所描述的，在实体渠道，价格即使再高一些，生意都忙不过来，他们还会有心思在网站上做“姜太公钓鱼”这等事情吗？

骗局的另一个核心，是先款后货。买家要是坚持支付宝担保交易，他们肯定不干。不敢说所有不支持支付宝交易的都是骗子网站，但遇到这样的网站，我们就得多个心眼。

有的骗子在各个论坛发帖，然后雇一帮托儿一个劲儿地说这好那好。有的骗子甚至通过电视、报纸等做广告，什么大爷大妈大叔大婶等都说他们的货好。这些“诚信”都是用钱和口水泡出来的，需要“火眼金睛”去识别。

有人说在网上输入“××服饰，骗子”等字样，可以过滤一批骗子公司。没错，可像东莞市大朗镇的一些服饰公司，在网络上到处打一元一件、几元一件的广告，卖的不是洋垃圾就是尾货中的尾货，一个公司做烂做臭了，再注册一个公司继续行骗，我们防不胜防。

“照你这么说，那网上采购是没办法做了？”郭先生问我。我说：“风险始终存在，就看你怎么做了。”

现在的网购已经相当成熟，对于某些零售商来说，网上采购是店铺生存的唯一途径。所以，识别和防范的措施对他们来说尤为重要。

1．看网站的图片取景、色调等风格是否统一。如果不统一，图片就有可能是东拼西凑的。批发网站里太漂亮的图片，大部分有“拿过来”的嫌疑，真正有实力的批发商，图片只要不太差他们就认可了。微信里很多图片都是档口实拍的，而且微信的客户相当一部分喜欢先款后货，这是基于信任和支付便捷的一种交易。1688网批平台推出的买手直播厅，就是要求买手用档口实拍的图片，这样做接地气，更有真实感。

部分做低档货的批发商，走电子商务渠道，可从图片上看出货品的档次与其低廉的价格相符。那些图片非常漂亮，并有明星做模特，货品描述好，价格又十分低廉的网站，值得怀疑。

2．留心观察网站一段时间，如果一个网站的货品展示及其他内容没什么变化，十有八九是骗子网站。正规的网站有公告栏、客户留言等，甚至会公布发货的货号，并且常有更新。

3．公司地址一定要具体到房间号，固定电话和手机号码要齐全。没有详细地址的，买家可以打电话试探他们，说自己就在附近，想到公司考察一下。最好是实地考察对方的公司，可以自己去或找当地的朋友去。不能接受考察的，要么是骗子公司，要么是没现货的公司。

4．买方坚持支付宝交易。如卖方坚持先款后货，买方又不想失去机会，就少额多次交易，并且做好亏几百块钱的心理准备。认为可以长期合作的话，最好去实地考察一次。但不管怎么样，超过心理底线的交易额，建议现款现货交易。大部分骗子的思路是，收钱不发货，货不对版，以次充好，一锤子买卖。但要提防，也有骗子放长线钓大鱼。他们先给买家尝尝甜头，头几批货几百元的交易，让买家觉得物有所值，然后找机会把交易额提高到几千、上万元，再想尽办法诱导现金支付，狠狠地宰上一把。

5．有的做库存尾货批发的商家，为了保护自身的利益，会要求先款后货，面对这种情况，买家可以多渠道地了解、认识他们。互联网让买卖双方都很透明，卖家只要在网上混，就会有各种不同的圈子，比如QQ群，也会组织或参加线下的一些活动，并通过网站、微博、微信晒出来。买家融入批发商的各种圈子并通过圈子的成员关系，便可详细了解到他们的信息。时间和口碑是考量供应商诚信的两项重要指标。如果卖家没有建立自己的圈子，或者圈子比较窄，买家就要谨慎一些。

6．有招募加盟、代理的网站，头一次交易就要求买家掏出一万几千元。这样的生意要保守点，不做为好。这些网站如果骗人，实地考察公司意义不大，得实地考察其多个代理商、加盟商。

补充说明两点：

1．很多时候是货品本身没有问题，只是适合谁不适合谁的问题。在网上选择的货品，难以避免的是拿到货后才发现并不适合自己。处理这种问题时要遵循约定的规则，属于自己承担的责任就自己承担，切勿简单地认为对方就是无理、欺骗。

2. 有的新手对服装行业的认识和了解过于简单，认为有便宜货进来，通过价格优势就能卖出去。卖不出去时，不去客观地分析或者不懂得分析个中原因，一味地归结于货品的问题，继而将责任都怪罪于供应商。我碰到过很多次这种情况，同样的货品，新手卖不掉，而老手却很轻松地卖掉了。

15

如何识别便宜货中的洋垃圾？

山东大姐做服装地摊生意，卖的货又好又便宜，一个月能赚到两三万元。她跟老公分工合作，她专职负责采购和销售；老公有工作，就利用业余时间，上网搜货源信息。

服装类网站和有服装版块的其他网站不计其数。她老公锁定外贸库存服装，一批批地搜索、过滤网站，将有用的信息保存下来，整理分类，然后跟网店里的外贸库存服装做对比分析。

综合搜集到的货源信息，结合自己的需求，他们把货源集中在深圳、东莞、常熟和北京等4个城市。大姐出门采购之前，再和老公一起确定所要考察的具体地点和货品。大姐只有在小批量采购时，才会让考察过的一两家十分信得过的公司代发货。其他所有货品的采购，她全部是到现场看货。

这次，按网站上的地址，大姐找到深圳的一个档口，想要看看呢子大衣。这个档口有一百多平方米，墙上挂着好多呢子大衣和外套，但每个款都是单件的。大姐的第一反应是，这里全是洋垃圾。她再抽抽鼻子，感觉气味也不对。洋垃圾，一件件闻味道未必能闻得出来，但这里有那么多货，味道肯定不对。

大姐问老板怎么没有同款的。老板东指西指，说这个款昨天发了货，那个款前天发了货，最后指着档口外的两个大包说，里面全是一个款的。大姐叫拆包看货，老板没有答应。

老板不肯拆包，估计里面的货没有同一个款的。不过，就算大姐在档口看到有同款的货，也不能否定这个老板是做洋垃圾的。有的老板变得精了，会掺一些差一点的齐色齐码的货进去。

大姐从老远的地方来进货，不容易。为了稳妥起见，她还是仔细看了看货品。她发现衣服的品牌各不相同，有的没有唛头，有的唛头发黄、发卷，有的袖口发黄，有的纽扣和拉链有划痕及松弛等现象。这时，大姐百分之百地确定了，这个老板是做洋垃圾的。

洋垃圾服装，本来是东南亚一些国家将旧衣服通过海运送到国内，当废品处理，熔化后做帆布的，部分做服装生意的商人看到一些服装是大牌货，款式好、成色比较新，就从中挑选一部分出来当库存货销售。因为利润高，做的人渐渐就多了，并形成了有规模的市场和庞大的供销网络。

我国禁止进口二手衣服。洋垃圾服装只能通过非法途径进来，不经过检疫和消毒，存在着极大的危害性。

洋垃圾服装最便宜，但不是好货。“怎样才能进到又好又便宜的货？”想进到好的外贸库存尾货，得学习这位山东大姐的做法了。

| 第四章 |

各显神通卖服装

1

为什么说“不是人叫人，而是货叫人”？

山东大姐的家在商业区的一幢高层住宅楼上。她的地摊就在楼下，旁边是一排临街店铺，有十几家做品牌服饰专卖。

去中高档女装专卖店消费的人，都有一定的经济基础。大姐虽然摆的是地摊，但货品大部分是外贸原单，不比专卖店的差。所以，大姐有一个计划，就是把专卖店的客人拉过来，能拉多少算多少。

大姐看摊时，多长一只眼睛，盯着旁边的专卖店。当看到有人走进专卖店，她不作声。等进去的人从专卖店出来了，不管是有没有买到衣服的，大姐都会大声地招呼她们过来看看。有些人对地摊货不屑一顾，大姐对此并不在乎；有的人会有所犹豫，一副想来又不想来的样子，大姐这时候会加把劲继续鼓动：“来看看，不花钱，来试穿，也不花钱，试穿了不合适，下次再来……”

对那些在专卖店买了衣服的人，大姐就拿自己的货品跟人家的比较，先比款式和做工，再比价钱。追求高品质服装的人很多，但追求奢侈消费的人没有几个。专卖店的货几百元、上千元，而大姐的货最多才一百多元。买了衣服的人，大部分会觉得在专卖店买亏了；没买到衣服的人，带着失落感来看大姐的货，往往会得到意外的收获。

大姐这一招积累了不少优质客户，生意越做越好。

有一位退休教师，天天在大姐摊位对面的“永和豆浆”吃早餐。她原来也是不屑于地摊货的，但看着大姐的摊位常常围着不少人挑衣服，而且成交率挺高的，时间一长，忍不住好奇地走过去看了。

大姐的货，款式、做工和手感都好，价格也特实惠。老师第一次看她的衣服，就买了3件。隔了几天，老师想帮家里人买些衣服，又过来看大姐的货。现场的货没有看上的，老师就跟大姐说了一下情况。大姐说家里有这样的存货，但正忙着，于是约老师下次再来。但老师没有走，而是从附近搬来一张板凳，坐在大姐旁边等。10月份了，秋风呼呼地吹得厉害，老师冻得直哆嗦，大姐拿了一件外套给她穿上。就这样，老师双手捂紧帽子，双脚不停地抖，一直等到大姐有空回家把货拿下来，买了再走。这一次，老师买了6件衣服。

大姐为这事特别感动。她感叹说，做服装生意不是人叫人，而是货叫人。

有一句商业俗语“人叫人千声不语，货叫人点首自来”，说的就是这个意思。不光是山东大姐这样的服装老手明白，赵小姐作为一个服装新手，也清楚得很。

河源的赵小姐一直在找项目，偶然间读到我的书，受到影响，就做起了库存服装生意。她在广东发了一批货到山东，在山东那边安排妥当后，回来的路上，考察了武汉、广州、深圳等服装批发市场。她在山东的时候，就约好了跟我见面。

赵小姐跟我说，前几年承包工程，比较累。现在决定做服装生意，是因为这门生意不用依赖朋友上路，不用通过吃吃喝喝等交际手段来办事。

我当初选择做服装生意，也考虑到这门生意不怎么需要求人办事。我跟赵小姐的想法是一样的，做服装生意，货好就行了。

赵小姐是位生意人，虽然没有做过服装生意，但她对现在生意的分销渠道规划得相当好，我没有提出任何异议。她找我的目的，是要了解更多的服装地域消费特点和货源情况。

赵小姐说：“卖服装，渠道各有不同，方法各有不同，唯一相同的，是货品的好坏决定生意的成败。”

我认同她的说法，跟她交流了对货品好坏的看法。从经销商的角度，货品的好坏可以从几方面去理解。首先货品本身是好的，最终消费者要说好。一个消费者说好不是好，货都卖出去了，大家说好才是真的好。

比如长款羽绒服，厂家做出来品质再好，但南方的经销商不会说好。货到了经销商的店铺里走不动，顾客没有说好的，经销商说好也是孤芳自赏。

在北方，室内有暖气供应的地方，薄的打底毛衫可以卖到元旦，在这些地方就是好货。南方没有暖气供应，天气一冷，只有厚的毛衫才是好货，卖得动。

一句话，货能“叫到人”，就是好货。

大连的张先生，数年前在大连服装节组委会工作，其间接触过很多广东的外贸工厂。那时还没有外贸服装这个概念，除了商场的品牌就是大路货，一件衣服的成本不会低过材料费及加工费。当张先生得知出口的成衣可能会被当成破烂处理的时候，他就辞职加入了外贸服装销售的大军。

张先生第一次进了2万元的货，17个大包的毛衣。店址选在大菜市，算是当时大连唯一的批发市场。由于租档口的时间不对，选在8月份进入，结果很惨，一个月都没有生意。没有人对张先生的货感兴趣，都认为这些是一堆破烂，有些人宁可去沈阳的五爱市场拿高价的大路货，也不愿拿他质优价廉的外贸货试试。难道真是“货到地头死”吗？这段时间，对于一个新人来说，是最难熬的。张先生真想把货赔钱甩了，把店兑了，然后去打工。

可张先生还是选择一直熬下去。到了10月底，天冷了，他的机会来了。那时，张先生已经对这些外贸毛衣不抱任何幻想了。他联系了3个在商场做的客户，给他们铺货，先卖后结。真没想到，这些杂款的毛衣很受欢迎。过了几天，那些之前张先生上门推销都不答理人的客户，纷纷来找他，点头哈腰地求货。

真是风水轮流转。张先生不再铺货给他们，而且还涨价了。越是这样，那些客户跟得越紧，怕继续涨价，怕货没了。是啊，谁会跟钱有仇？

张先生的毛衣，一包包地从广东运来，又一包包地分到客户手上。五爱市场当时的毛衣价格都在30元以上，张先生才批18元。客户赚到了大钱，张先生也赚到了人生的第一桶金。那个冬天，他有一种还没过够就结束了的感觉。

张先生总结当时的经验，说服装生意的客户不是铁定的，千万不要把人情放在里面。你的货好，自然就会有成群的人找你；你的货没优势，就算是亲戚，也不会考虑与你合作。毕竟，大家的目标都是一样的——赚钱。

2

80平方米的店铺年赚百万，旺店背后有何玄机？

湖北某市的聂小姐想做服装生意，留心观察了不少做得好的服装店。其中有一家精品店，经营欧美、日韩风格的服装，还有超A（精仿）的手袋、鞋子，价位都在600元左右。上秋装的时候，整个店面的货架都是满的。当时，聂小姐想，这得要多少钱铺货？

精品店的老板还不停地跟顾客说，过两天又要上新货。聂小姐看到那些顾客一买就是几千元的。过一段时间，她再到这个店去看，更令人惊诧的是，没有一件秋装，都换了冬装。聂小姐想不通了，生意再怎么好，也得压点货吧？

聂小姐很想开一个这样的店，但不知道怎么运作。

店老板的这种运作手法，跟一些顶级服饰品牌的手法相同，就是店面绝不挂过季的服饰，销售绝不打折。

大凡品牌公司对过季服饰的处理，有多种方法：第二年拿去特卖、发到别的专柜销售、压库若干年后再清仓……但这个店全是散货和仿货，没有理由剪标处理，也不可能像大品牌一样压库若干年。看来，店老板只有把货弄到别的地方处理了。

河源的赵小姐跟我说过她的规划：从广东采购外贸库存尾货，存放在山东一个仓库把好的货挑出来，放到精品店卖，其余货品，则联系附近县乡一级的服装店代销。

既然是代销，人家卖不了就要退回来，再加上尾货中有不少是残次品，这些货该如何处理呢？赵小姐有两个渠道：第一，再开一家店，专门清这些货；第二，将这些货以低廉的价格处理给地摊。

赵小姐卖尾货，有多种分销渠道。像聂小姐说的这家店，其处理下架货的方式跟其他人有没有共同之处呢？

在人流量大的地方，又是做熟客生意，店老板要靠不断地上新货来保证持续的营业额。换季后，把过季的货品全部撤下货架，把位置让给应季的新货。这些经营手法常见于那些有货源渠道优势和资金实力的零售商。

那么，店老板会把库存货留到第二年，仍然在原来的店铺上架销售吗？这样做得不偿失，没有必要。我认为店主会异地处理。当年处理，就给南方长卖秋装的省份；次年处理，给其他任何城市的店铺都可以。或许，他们自己在其他地方就开有店铺，专门清理各个精品店的下架货。

批发市场有人专门收购尾货，跟他们搭上关系也不是没有可能，只要双方谈妥了价钱就行。当然，他们这样处理，货品的价格会远远低于进货价。但这样做，成本代价很低，却能化解很大的风险，支持了店面采用极有竞争力的经营模式，赢取更大的利润。

先估计一下聂小姐关注的店的秋装备货情况。要准确地估计，得看到具体的店面陈列才行，现在只能粗略地算一下。货品的标价是进货价的三四倍，单品进货在150～200元，80平方米的店面，衣服、鞋、包俱全，上架货及库存备货总共1500件左右，算下来要准备近30万元的货。

如果他们卖掉一半的货，按3.5倍算，营业额就是52.5万元。扣除30万元进货款，仍有22.5万元毛利。另外15万元的下架货，按5折异地处理，又有7.5万元的收入。总毛利是30万元。

计算还没有结束。以上只是按备货金额来计算。先定秋装45天的销售时间，其间店铺不断上新货，上了15万元。这些货又卖掉一半，另一半继续5折异地处理，那么毛利总共是15万元。

其实，秋装换冬装的只是衣服，鞋子、手袋没有秋冬款的区分。不过，这家店可以将摆在货架太久的货做下架处理。所以，这些我也按秋冬换季来算。

45天的时间，毛利45万元，相当不错。照聂小姐的说法，这个店铺的生意非常好，顾客一买就是几千元，那么，其正常的营业额，一天应该有两三万元，一个月应该有60万～90万元才对。现在将45天的营业额算为78.75万元，看来是很保守的了。

3

无店铺经营做得风生水起，人流量大的地铁商城为何生意惨淡?

梁小姐是一个购衣狂，和不少店铺的老板混成了姐妹般的关系。在与她们的聊天中，梁小姐知道了不少服装赚钱的门道，一时兴起，她在6月初自己开了一个服装店。

店铺开在深圳某个地铁站的商城，经营女装，定位在25～40岁的上班族，60%是进口货——是梁小姐直接从香港带进来的，外贸货和本地精品女装各占20%，价格在200～1200元。整个地铁站每天的人流量是6万～7万人，但店铺在整条街的最里面，进来逛的人一天只有40～90人。

店铺的租金和管理费为每月8000元。第一个月，虽然有15天没开单，但能平本。第二个月也是有半个月没开单，营业额只有4000多元。梁小姐比较迷茫的是，不知道生意差的原因是什么，淡季？定位？店铺位置？

梁小姐的生意差，是店铺位置的关系吗？但梁小姐对面那家店，却是整条街生意最好的，做贴牌货好多年了。而且，地铁商城有其独特的条件，人流量大，逛街购物的、旅游购物的人都有。其中，上班族占有很大比例，是比较稳定的消费群体，地铁站几乎是他们每天的必经之路。相当一部分上班族，中午时间和下班后想逛逛街，也不会去太远的地方，就到地铁站附近去逛。

梁小姐的生意差，是淡季的原因吗？地铁站人流量那么大，淡季也有一定的人流量。何况对面那家店在淡季的生意也相当不错。

梁小姐的生意差，是定位的原因吗？现在淡季打特价，价位都集中在300～700元，但有些顾客还是觉得贵。要知道，在6月，一件衣服能卖到1300元。这是怎么回事呢？

8月是淡季。如果生意差，仅仅是淡季的原因还好，过了淡季就没事。可是，梁小姐店铺的生意差，还有很多其他的原因。

在过去两个多月的时间里，梁小姐卖出去的货约四五十件，现在店里只有50件货。这说明她在开业的时候，备货肯定不超过100件。备货不足，店铺靠什么做生意？这肯定是生意差的一个原因。

地铁站附近，上班族的客人逛街较为稳定。6月还卖1300元的衣服，7月、8月全部变成300～700元了。买过衣服的人看了，十有八九会有一种上当受骗的感觉。以前只看不买的人，发现价格相差那么大，也会产生店铺的价格不可靠的想法。

梁小姐对面的店生意好，应该是价格一直很平稳，而且实惠。其实梁小姐也可以效仿对方，将价位稳定在一个范围，坚持下来，一定能积累到客户。更何况，梁小姐还有自己的优势——货品款式新、品质好。

另外，梁小姐欠缺经验、服务不到位也是生意不好的一个原因。因为我看到的是，她只有困惑，没有消费者方面的反馈信息。像她这样的新店，位置也不是很好，应该抓住一切机会，同已成交和不成交的顾客交流，了解她们的职业、爱好，听取她们对经营的意见。

梁小姐还动过换店铺的念头。同一条街，位置好一点的店铺，月租1.5万元。我不赞成她的这种想法。如果定位、经营和服务跟不上，换店铺只会承担更大的风险。如果换店铺就能做好生意，那么这个1.5万元租金的店铺，谁都可以做好生意了，商户也犯不着撤离、转让。

梁小姐对我的分析表示认可。接下来，最重要的是解决换季的问题。

现在50件衣服，想有好的生意不太可能。这次把价位一次调整到位，后面就不要再动了。降价幅度太大，次数过于频繁，对秋冬季的销售都有很大影响。她们的顾客群体，是非常挑剔、有理性的。

一直到10月，深圳的天气都有可能保持很热。从7月开始，越往后，夏装越卖不动。店铺全是夏装，没有新货，顾客看多了，以后就不想来了。但店铺空着更不好，从9月开始，应该上些秋装。适量上一些总比不上好。等天气凉了再上秋装，就会错过最佳生意时机。再说，地铁站周边上班的人群，多处在空调的环境中，因此秋装在夏天也会有一定的销量。

有可能的话，甚至都可以将夏装全部撤下来。过季的下架货，可以通过网店销售，或者分流到其他店铺清理，也可以明年再卖。

有一种店，看似冷冷清清的，没什么生意，让人好奇它为什么能够支撑下去。这种店，又不是有钱人开着玩的，亏多亏少都无所谓。其实这种店也是旺店，只不过别人看不到。那其背后的玄机又是什么呢？

所谓的玄机，知道的人不以为然，不知道的人就觉得新鲜，对那些能融会贯通，运用到实际中的人来说，就是一笔财富。我把这种旺店背后的玄机透露给了梁小姐。

经常去深圳王宏服装城的人，应该看到有些店铺，里面挂着的衣服不足100件，从早到晚都没几个顾客进去看。即使有顾客进去，老板也不是很热情地招呼。

王宏的租金不贵，一个不大不小的店铺每月3000元。这些店，平均一天能做上三五件衣服的零卖生意，档租等成本就全回来了。一些老板赚的钱全在批发方面。他们批发的客户不是来王宏进货的零售店，而是深圳白马的档口。他们的货，通过白马批发出去。

朋友小郭在王宏租档口，好过租写字楼。写字楼没有零售，租金又贵。王宏的档口，算上零售，就当是免费的写字楼了。小郭卖的是羊毛衫，自己找几个版，下单给工厂做，然后找一两个批发档口分销。他的货品，光入冬的两个月，就可以走上两三万件，赚上一年的钱。

梁小姐有香港进货的渠道，这是她的优势。她把优势全埋在地铁站的一个店铺里，可谓是藏在深闺无人识。她也没有必要再开第二个店，完全可以像小郭一样把货铺出去。梁小姐的货比较贵，既可以铺批发店，也可以直接铺零售店。这事要是放到现在来说，完全可以用微信来卖衣服。

有一些临街零售店铺，也是冷冷清清的，年租金还要两三万元。这些店跟小郭的店一样，背后的生意别人看不见，不但可以生存下去，生意还挺好。因为店主在开实体零售店的同时，还开有网店，并且进行网络营销，网店的生意是实体店的数倍之多。现在有很多网购一族，能在网上买到的商品，绝不会到实体店去购买。这些零售店，就为此建立网购QQ群，然后通过论坛发帖的形式推广、拉人。

这些表面很冷清、背后生意旺的店铺，值得梁小姐效仿。

他们的做法，就是立体式经营。实体店铺的铺货有限，立体式经营既包括服装销售，也包括鞋子、饰品、包包、手表、围巾、帽子等配饰的销售，甚至包括与消费群体有关的众多产品的销售，如化妆品、减肥药品、保健品等。像王宏服装城的小郭，他的立体式经营就是商业模式的多样化。立体式经营意义在于，通过互联网将业务的空间放大，延伸出更多的商业模式。

此外，就是无店铺经营。无店铺经营常见的是通过微信、QQ、微博、论坛等平台，不用开店也能卖产品。苏州的一个学员，在一家销售糖酒类产品的公司上班，做业务员，平时利用空闲时间在互联网上混圈子，加入外贸类的QQ群，同时也利用出差的便利和假期的时间去寻找工厂货源。他主打围巾和童装，联系微博团购的博主，由博主发起团购他的产品，基本上每次团购都能卖出几百条围巾。后来，他建立了自己的QQ群，形成了自己的圈子，平时交流各种各样的外贸信息。基于信任，也有一些做批发、零售的群成员卖他的围巾和童装。他通过兼职，做无店铺经营，一年的利润有三四十万元。最近，他又开始利用微信公众平台和朋友圈销售产品。

我们的同行，通过无店铺经营都可以将生意做得风生水起。梁小姐又有什么理由不能做到呢？

4

面对形形色色的“退货门”该怎么办?

令店主、店员最头疼的不是顾客讨价还价，而是退换货。

张先生是做批发的。有一次他从外边回来，看到店员正在跟一个客户“吵架”。其实也不算吵，就是大家说话的声音都大了点。原因是客户拿了一条烂的裤子回来，说要退换货，店员不肯。张先生问明情况后，马上把裤子给退了，并且还给客户道了个歉。事后，张先生也没有责怪店员。这条裤子本身没有质量问题，是客户不小心划了深深的一条痕。张先生认“吃亏是福”这个道理。后来，这个客户成为张先生的忠实大客户。

张先生还好，吃亏是福。卖童装的李小姐给顾客换了货，却是吃力不讨好。李小姐有几个老顾客，店员推荐什么她们就买什么。一次，有位老顾客拿条牛仔裤来，说坏了，要退。其实并不是坏了，而是裤裆浅了。李小姐那个地方的店铺有个规矩，牛仔系列是不给退换货的。但她顾及对方是老顾客，就给换了一条。结果顾客很不满意给换不给退，从此之后再也没有来过她的店里。

买的裤子划伤也好、裤裆浅了也好，顾客都可以有一个理由，说这些问题不是他们的责任。如果衣服都洗过了，又没有质量问题，是不能退换的，也还是有顾客这样要求。

开楼中店的李小姐，碰到过顾客因衣服缩水太厉害而要求换货的。这是衣服的质量问题，李小姐没有理由不给退换。但有一位顾客，实在是没有理由地要求退换货，李小姐也同意了。

这位顾客一次性买了6件衣服，过了一个多星期，她拿着其中一件衣服来说要换。店员问她原因，她说她穿上之后，家人和朋友都说有点大，不好看。顾客将衣服剪了吊牌，也下水洗过了，店员不同意换。顾客不怎么高兴了，就打电话给李小姐……

这件退回来的衣服，李小姐不再拿出来卖，一直放在仓库里。结局还算完美，这个顾客后来成了她店里的常客。李小姐觉得自己虽然损失了一百多元，但获得了一个忠实的顾客，其价值远远超过这点钱。

除了将洗过的衣服拿回店铺退换，还有超长时间才拿货回来退换的。摆地摊的李大姐，8月下旬卖出一件薄料羊毛衫。到了9月底，这位顾客拿着这件羊毛衫说不合身，要换货。这时，李大姐的货全换成厚料的，没货可换。李大姐耐心地向顾客解释，但顾客听不进去，执意要换。李大姐最后还是给顾客换了件厚料羊毛衫，顾客也补了差价。

但在黄小姐的店里，有难缠的顾客，换季打折前买的衣服，换季时来换货，看到价格下调了，竟然还要求补差价。那衣服顾客保存完好，店里也有这样的货，黄小姐就给换了，但坚持不补差价。

黄小姐碰到的“退货门”够雷人，还有更雷人的。有一个顾客买了一条围巾，第二天来退货，理由是看到网店卖一样的货，但价格便宜了一半……

如果说顾客到实体店试过衣服，觉得合适了，回家自己网购还是合情合理的事。但是像现在这样，先买，后上网，察觉价格有问题，再退货这种事情，还真叫店主不知道如何处理是好。

另外有一个店主，一条连体裤以960元卖出去。几天之后，客户拿着衣服来要求赔款640元，理由是淘宝店上一模一样的才卖320元。客户还是熟客。

不管再怎么纠结、郁闷，店主大都会让步于顾客。黄小姐还是给顾客退了围巾。出现价格和质量问题，黄小姐会尽快地联系批发商解决。批发商解决不了，她只好自己赔钱来解决。黄小姐认为这样可以拉住客户的心，现在的生意不仅是货源好就行了，还需要感情投资。

上海的张小姐卖服装有十多年的经验。她说：“顾客买回去的衣服，一般我们是不给退的，但也不明说。先继续跟顾客说衣服还是很适合她，不要听其他人的意见，毕竟我们才是专业的。再不行，那好吧，换其他款，新款到了好几个，给他推荐。最后实在不行，那就给退了。

千万不能把客人做死。

“顾客的反悔权是要给的。以退为进，有一种退货是为了卖更多的货。

“人家拿没问题的货回来，反悔了，我们多了一次服务好顾客的机会。那要是拿回来的是次品怎么办？有的明显是被人为损坏的，这种退摆明了是要吃亏的。怎么办？继续服务呗。能维修的就维修。所以我也要求店员的手工活要好，至少可以省去找裁缝修理的费用。

“但不要跟顾客说是维修，只说发回厂里给调换一件，店里现在没有这个货了，过后就说厂家发了件新货回来。被顾客发现是维修过的，就赖厂家吧。我们也是无辜的。

“有时候看损坏情况。小损坏给顾客更换新的没有问题。很多时候并不是我们的问题，是顾客自己弄坏的，顾客自己也不好意思，我们不要说得那么直白。衣服有大损坏的时候，好好跟顾客沟通，毕竟不是所有的顾客都不讲道理。

“说服顾客的成本是很高的。大多数时候，就算是顾客自己弄出来的大损坏，我们还是收回来，让顾客觉得有点不好意思，转而购买其他款。之后我们再去跟厂家协商处理。如果厂家不理，那就当抹布吧。”

5

做服装店的老板还是顾客的形象顾问？

我的大卖场，男女老少等各种品类的服装都卖，开业头两年，一直都按童装、老年装、牛仔、内衣、睡衣、男装和女装等来分区，其中男女装的上装和下装也是分区的。

让顾客在近2000平方米的大卖场里，分别在两个区域挑选上装和下装，实质是不尊重客户的购物体验。第三年，我亲自管理，对货品陈列进行调整，划分出200平方米的区域，专门陈列青年男女运动休闲装，上装和下装搭配在一起。这样，大众服装陈列出了品牌服饰专柜的味道。

我是7月上旬调整的，调整之后进入销售淡季。但是拿调整货品前后的营业额相比，以周为单位，7月中下旬比5月、6月平均增长了3倍。

4年前商场刚开业时，我的大卖场和大众皮鞋同在商场三楼，中间只隔着两米的通道。1年后，商场计划将大众皮鞋和二楼的图书专柜互换位置，我们曾极力反对，理由是大众皮鞋和大众服装在一起，方便顾客搭配消费，而商场认为大众皮鞋和品牌皮鞋放在一起，方便顾客对鞋类的选购。最终还是胳膊拧不过大腿，商场说了算。大众皮鞋搬走后，我们的男裤销量下降10%。

服装与饰品搭配得好，能起到点石成金的效果。成本几十元的饰品，可以卖到数百元。一般店铺卖三四百元的衣服，搭配好了能卖到上千元，而且往往是衣服与饰品一起销售出去。

河南漯河的奉小姐，开了一间20平方米的女装精品店，她的顾客很乐意让她帮忙挑选衣服。奉小姐俨然成为顾客信赖的形象顾问。

搭配不是坐在店里等顾客上门，然后在货架上挑选出任意货品，让顾客反复试衣看效果那么简单。漯河城市较小，奉小姐在这里出生长大，朋友多。开店的时候，奉小姐想的就是为朋友提供适合她们的衣服。

要说“海澜之家”志在做成男人的衣橱，那么，奉小姐的店铺则是有心做成朋友们的衣橱了。奉小姐如果感觉衣服不适合顾客，就会给出中肯的意见，让她们等下一趟货。她从来不急于把衣服卖出去，所以很快就赢得了顾客的信任，顾客都喜欢让她来挑选合适的衣服。她的生意做了6年，老客积累了好几百位，新客也不断增多。

奉小姐做的是大路货，选择余地大，换款快，但有时考虑到顾客搭配的需要，也会进一些牌子货。一年四季的货源都在郑州银基。不管是淡季还是旺季，她都保证一个星期进一趟货。她的一些老顾客，几乎天天逛街，隔几天就想看到新款。

奉小姐往批发市场跑得勤，不好走的款就及时换货，而且色和码的选择都根据客户来定，所以全年没有库存压力之忧。她最头痛的就是货源，既要满足那么多熟客的不同搭配需求，又要防止与其他店铺撞款。一旦出现撞款，既不是顾客的错，也不是批发商的错，奉小姐把错全揽在自己身上，归结于自己搭配出现问题，主动征询顾客是否退货。

奉小姐对服装经营的看法，与给顾客退围巾的黄小姐一样，认为现在的生意不仅是货品好就行，还需用感情去投资。看来，要真正做好衣服搭配这种专业化的服务，并不是一件轻松的事。不过，奉小姐也说了，看到自己为顾客量身采购的衣服穿在顾客身上达到了大家理想中的效果，她就会有一种成就感。

品牌公司和普通店铺都重视货品的搭配，要求店员在顾客挑选和试衣时提供搭配方面的意见。但是不管我们再怎么搭配，都少不了抱怨，有的衣服就是不好卖，所有顾客都看不上，怎么搭配都没有效果。这时候，我们是否想到自己当初采购时是怎样一种心态呢？我们是为自己选衣服还是为顾客选衣服？也许，我们都注意到要为顾客选衣服，而所谓的顾客，具体是指谁，我们当中又有多少人能做到心中有数？如果像奉小姐那样，在选购的时候，就基本确定衣服是卖给谁的，又何愁生意做不起来呢？

6

实体店如何像淘宝店一样刷信用?

在淘宝店买了衣服，给卖家一个好评，卖家就得到一个信用。信用多的卖家，会让买家觉得其综合实力强，值得信赖。新开的淘宝店，信用从零开始，很难拉得到生意，于是就会想到刷信用。

网店刷信用有封店的危险，实体店刷信用则不存在任何风险。

在深圳市海燕服装广场，有一些店门口堆放着几个貌似从国外发货过来的包装箱，橱窗上写着“周一、周三、周五韩国到货”的字样；在其他批发市场，有的店门口常年堆放着几个大包，上面写着各地的发货地址……这些手法，跟淘宝店刷信用有异曲同工之妙。

小李在某市的服装城里有一个批发档口，卖低端女装，在深圳、广州等地拿货。小李的货品很普通，档口的位置也有点偏，但生意还过得去。因为小李雇了几个大姐，在每天早上做生意的时候，拿着几个黑色大袋子，到她的档口挑衣服。

要是去批发市场打货，档主说自己的货全是爆版，买家不会全信，因为那只是档主自己说的。要是档主拿出送货单说今天开单多少，买家也不会相信，因为那也有假的。但是看到一个档口堆放着几个发货的大包，还有几个人在挑货，又会有多少买家不心动呢?

小李雇的托儿早上开始工作，在档口翻上几十分钟后，去别的档口转一下又回来，如此反复两次，到了中午就把衣服拿回档口，工作时间是一个上午，费用是每个人20元。对于托儿来说，至少可以同时接两个档口的活儿，一个月下来有1000多元的收入。对于小李等档主来说，一天100多元的支出，只要多拉一单生意就回本了。

没准儿小李压根儿就不用付任何费用给托儿。托儿上午在小李那完成了工作，下午及晚上就去摆地摊，货品由小李提供，不用现金支付，卖不完再拿回来。这样的合作，双赢！

还有个别批发商，从不让自己的员工有空闲，没有客人的时候，就安排员工坐在小板凳上整理衣服，让来往的客人觉得店铺很忙。当然，这样的批发店铺要有一定的规模，否则，一百来件衣服也没什么可折腾的。

批发店有托儿，零售店一样有，而且还多。城市的商业旺区，人来人往。一些做大众休闲服装的店铺，挂几张大大的海报，写上“跳楼价”“清仓价”，再立一个人字梯，帅哥或靓女坐在梯子上面拿着喊话器吆喝。这场面，已经够煽情的了。他们再雇上十来个托儿，一下子就能掀起抢购浪潮。

逛商业街的人喜欢热闹，当看到店铺这架势，东西也不贵，他们不挤进去看个究竟，抢购两三件会不舒服。有的人抢到了，从人缝中钻出来，很有成就感。

商业旺区的店铺这么一弄，一天两三万元的营业额都有。就按10个托儿算，每个托儿每天50～100元，一天也就是500～1000元的成本。对卖家来说，超值!

新店开业，怎样才能迅速提高进店率和成交率、迅速积累老客户呢？方法有很多，请托儿就是一种。

南阳的刘先生，新店开业的头一段时间，每天都约三五个女性同学、朋友到店铺里聊天、喝茶、试穿衣服。当吸引到一些外面的行人进来后，为了方便她们挑选、试穿，托儿就暂时离开店铺一会儿，等店里没人光顾的时候，托儿再回到店里。很快，刘先生新店的生意就做起来了。

昆明的严小姐有一天搞了一个活动，就是竞猜衣服的价格。平时卖400～500元的衣服，当时是特价卖，只要顾客说出的价格跟售价相差在

20元以内，都可以最低的价格买走，同时获赠一个红包。红包里事先装好了钱，金额在20元以内，由顾客任意抽选。

平时，严小姐卖衣服不讲价，顾客难得碰到特价的活动，参加的兴致很高。虽然如此，严小姐在活动前还是做足了准备，邀请了一些朋友做托儿。严小姐让朋友在远处看着，人少的时候就过来增加人气，而且凑人气是分批来的，不能让顾客有所察觉。短时间内没有出现成交的情况，严小姐就向托儿使个眼色，让她们快快出钱下单。那些再三犹豫的顾客一看，想着再不买就没了。这时候就营造出一种慢了拿着钱也买不到的气氛。

7

导购员的招聘、培养和管理是个老大难，怎么办？

导购员的招聘、培养和管理，令很多店主感到头痛。为此，我每次组织店主交流会时，都会安排关于导购员系列问题的专题讨论。在2013年年初的问卷调查中，导购员问题是重要内容之一。

问卷调查中问到，导购员是自己培养好还是直接招聘好？

倾向于招聘导购员的店主大多数是这么想的：

1. 招聘有经验的导购员，简单直接，能很快进入角色，快速带来效益；

2. 招聘来的导购员可以带来一些新思路；

3. 自己培养导购员，费心费力，不见得都有心接受，也未必培养得出来，就算培养出来了，但是人才难留；

4. 店铺少于三家的，导购员人数有限，一个萝卜一个坑，很难培养，所以直接招聘的好。

倾向于自己培养导购员的店主大多数是这么想的：

1. 自己培养的导购员，忠诚度比较高，更容易投入工作中，和店铺及客人快速融合；

2. 自己培养，白纸好写字，这样的导购员会和自己的想法一致；

3. 好的导购员总是可遇不可求。

一部分店主希望能够将自己培养和直接招聘两者相结合：

1. 短期内倾向于直接招聘有经验的导购员；

2. 招聘到有销售经验的导购员，到店里上班的时候再培训；

3. 有三家及三家以上的店铺，以及有实力、有连锁发展规划的店铺，要以老带新。

店主招聘导购员的条件主要集中在哪些方面呢？

1. 身材好、形象好、气质佳，喜欢打扮，穿着有品味。

2. 年龄偏大点，必须是已经结婚生子的，并且最好孩子不用自己照顾。这个年龄段的人不易跳槽，会特别专注于工作。

3. 心态积极，自信、细心、耐心，有良好的语言表达能力，虚心包容，机智灵活。

4. 对服装有兴趣，热爱这个行业。有销售经验，懂电脑操作。懂得服装陈列搭配最佳。

5. 亲和力是基本条件，学习能力可以不断地提升。

面试导购员时采取哪些方法能最深入地了解其水平？

1. 聊天。这样可以看出她与人沟通的能力，以及她的工作经历等。

2. 有针对性地聊一些平常购物时碰到的问题，或假设一些销售场景，看她的反应与表达。

3. 问她平时在哪里购买衣服，如果只买网上的便宜货，就不能录用，因为她不懂得衣服的品质。

4. 就现在看到的店面的情况，请她提出意见和改进方法。

5. 直接在店铺试工半天或一天，让她单独招呼客人，留心她与顾客及同事的交流情况。

6. 现场摸拟，看她如何向店主本人销售衣服。

“我在店里业绩就上去，我不在店里业绩就很差。”很多店主会有这样的抱怨。问卷调查的结果显示，46人当中只有2人认为导购比自己做得好，原因有三点：

1. 自己根本就不懂；

2. 导购确实很强大；

3. 顾客看到老板会砍价，所以老板不经常在店里。

有7人认为自己和导购不管谁在店里，业绩都一样。

认为自己比导购做得更好的店主，他们分析了原因：

1. 店铺的老板是不变的，而导购是经常更换的。顾客还是相信老板，只有导购在的时候，很多顾客不会买。

2. 自己做导购，比较主动热情，状态也更投入。

3. 自己对商品、对搭配更熟悉。

4. 导购在价格上表现得没有信心，而自己对价格控制得比较好，卖价也会高些。

5. 自己在店里的时候导购会更卖力。

少部分店主比较享受自己在店里卖衣服的感觉。但是，大部分店主还是比较困惑于如何解决导购员单独在店里时业绩提升的问题。“如果自己做了导购的工作，就没时间去做其他事情，就算自己做得再好，也不如请一个导购。”如何杜绝这种情况呢？

1. 招聘好的店员；

2. 培训店员；

3. 培养团队；

4. 视店员为合作伙伴、合伙人，想办法激励店员，如优化薪资结构、送股份、年终分红；

5. 下放一些权力，让店员有更多的主动权；

6. 资金扶持优秀店员开新店做老板，加盟自己的品牌。

最近，我特地与三位生意做得不错的店主深入交流，请他们谈谈自己在导购员管理中所遇到的问题及感悟，希望能给其他店主以借鉴、参考。

店主余银英说：“创业初期，总是习惯性地对有经验的导购员情有独钟，对于完全没有相关经验的应聘者，几乎没有给过他们机会。直到后来店铺越来越多，对人才的需求越来越大，才开始慢慢地尝试对新人进行培训。

“有一天巡店，我刚好遇上一位面试者，她说很想来这上班，一定会好好做，因为她很需要工作。她来自农村，42岁，不识字，之前是洗碗工。她说自己虽然什么都不会，但是会去学。她的简单、真诚与朴素打动了我，至今她还在我的店里上班。她用了三个月的时间学认字；六个月后，她是店里销售业绩最好的；每调她到一个新的店铺，业绩总会翻番；她现在是店铺的干股股东。我想，导购员对工作的需求越强烈，就会越用心。

“好员工留不住。我亲自带出来的人中，至少有十几个离职后去开店，甚至是模仿我。刚开始我生气、焦虑、后悔，后来想想，她们能去开店，说明我培训得不错，我还可以从她们的店铺中看到自身的一些不足，再学习、创新、改变。

“许多走了的员工，开店失败了，或者是新工作不适应，大都会回来。回来之后，她们会比之前更加努力地工作。”

店主葛大伟说：“我招聘导购员有三种方式。一是通过网络，像赶集网、58同城等；二是在店门口张贴启事；三是店里老员工介绍。老员工介绍比较靠谱，因为老员工比较了解店内的情况，介绍的新员工能较快适应工作。

“2013年通过网络招聘到一个刚高中毕业的女生，她在学校做过班干部，性格开朗直爽，感觉很有潜力，我就好好地去培养她。结果过了两个月，她始终跟不上团队的脚步，连她自己都没有信心，只好淘汰了。感觉招导购员，最好是有孩子的，这个阶段的人生活有压力，也有动力；或者是有过类似从业经历的，这样上手快，降低成本。

“第一次张贴招聘启事时，注明底薪2000元+高提成，结果没有一个人询问。后来改为底薪3000元+提成，一天就招到人了。人家不熟悉我们店里的生意情况，就会习惯性地认为低底薪+高提成是忽悠人的。

“底薪+提成外，我们还有奖金。奖金包括日奖、周奖、月奖。日奖——当天营业额达到1.5万元，凡是有开单的导购员当天都奖励每人现金50元；周奖——每周的销售冠军奖励50元；月奖——月销售冠军奖励500元。

“管理导购员要精神、物质双重给予；经常谈心，发现业绩有不稳定的情况，及时了解并解决；发现有不团结现象，及时解决；淡季发现和培养人才，旺季用人、留人；根据每个人的优势和劣势，将其放在合适的岗位上；建立每个人的梦想版，激发每个人的潜能；每个月聚餐一次，让导购员放松放松，说说心里话，拉近距离。”

店主李玲说：“店员要有尊严，首先在收入上要达到青岛一流水平，那么他们的能力也要求达到青岛一流的水平，我们给店员的权力也要最大化。

“优秀的店员从哪里来？我建议实行拿来主义，从一线品牌那里‘挖’过来。有了合格的带头人之后，再考虑自己培养人才。

“优秀的店员怎么‘挖’？我们以顾客的身份去逛那些做得好的店铺，那些能够打动我们的导购员就是我们‘挖’的对象。我‘挖’我现在的店长过来可是经历了一番周折的。我去商场里打听到最优秀的专柜，然后就去找他们的店长。店员说店长不在。我说我是店长的老顾客，没想到店员已悄悄将我拍照传给店长，店长看到后说不认识。就这样我被店员打发走了。我要到的店长的联系电话，结果是一个永远都打不通的号码。后来我改变战术，先到隔壁的专柜打听那个店长在不在，说要投诉她，对方一听就马上告诉我了。就这样，我找到了店长，自我介绍之后，就单刀直入说明目的，我是来‘挖’她的，同时表示诚意，由她开条件。通过多次沟通，我终于‘挖’人成功。

“我们和店长共同制定了三个店铺的销售目标和她的薪资方案。完成基本的销售目标，她的年薪达到20万元，如果达不到这个目标，她说她一分钱不拿。在店长的带动下，全员努力，截至2014年8月底，我们就已经完成去年全年的销售额。根据往年的数据分析，她今年有可能拿到30万元年薪。”

8 货品受众窄的专卖店如何尽快转型？

陈亚今年25岁，奋斗了几年，赚了近百万元，供楼供车，最后剩下40万元。她拿出30万元，在广州新塘一家商场投资了一个男装品牌服饰店。开业3天，她居然只卖出一件衣服。

陈亚的店，在商场男装区较为偏僻的位置，进来逛的人不多。她经营的服饰，又是针对发型师、娱乐演出人员等特殊群体的，进店来的人看一下吊牌就离开了。国庆长假快要来临，商场的人流越来越多，而她店铺的人流却越来越少。

黄金周是赚钱的好机会。陈亚在假期前两天终于憋不住了，瞒着品牌公司，跑到新塘牛仔城拿了一批进价30～35元的男女仿牌牛仔裤。她也去找平常她常买衣服的外贸店，这个店的衣服标的都是“以纯”“与狼共舞”等品牌，她跟老板商量，以24～40元一件的价格拿来代卖。

陈亚把这些货放在店里搞特价促销，生意出奇地好。

“看来地段不是决定成败的唯一因素。”陈亚说。但是这样经营有点不伦不类，她很担心过了长假会把原来的品牌做死。可是开店几天不开单的感觉，用她的话来说，简直是生不如死。她要供楼供车，生活压力很大，店铺一天不赚钱，她就一天睡不好觉。

品牌的货品受众太窄，如果要有特色，也应该是在受众广泛的基础上求特色。我建议陈亚尽快转型，抛弃原来的品牌。因为培育这个品牌的市场，需要较长的时间，或者是需要较为特别的推广，陈亚耗不起。

陈亚问我："如果我现在转型，那么原来的品牌货怎么处理？快过年了，品牌货过年前会好卖吗？像我现在拿来卖的那些货，长久卖下去可以吗？"

商场里面卖的全是品牌货。陈亚店铺旁边的两个店，每天都开单，但不多。10月6日，周边的店铺普遍开单两三百元，开单100多元的也有，而陈亚这天开了近2000元的单。黄金周头几天，陈亚都可以做到一天四五千元，但是品牌货只有10月5日卖了3件，才1000多元。

陈亚很迷茫，不知道该怎么办。她说商场允许这样做，还提供外面的位置让她卖，但品牌公司肯定不让她这样做。

品牌到过年前好不好卖，这很难说。等下去就是赌博，万一赌输了，陈亚的几十万元就泡汤了。我坚持让陈亚放弃原来的品牌，接下来继续品牌、散货混着卖，品牌货打折卖。品牌货有2万元是白色的款，我建议白色的先6折清货，其他款看情况分步打折。

她接受了我的建议。过了几天，我问她情况如何，她说当天的营业额是1万多元，其中外贸仿货卖了7000多元，品牌清货3000多元。

但是，长期清货，不可能天天都有这样的好生意，终有一天会进入疲劳期。后来我提出一个方案，供陈亚参考：平时拿一些普普通通的货来清，卖一件算一件。到了关键的时候，再把货换成那些仿牌的来清。清货，一年抓住换季、节假日等近10个销售高峰期即可，这样可以赚够一年的钱；每个月抓住工厂发工资那个星期即可，这样可以把一个月的钱赚足。

9

三级品牌专柜如何谋求微薄的利润？

郝先生在山东某市最好的商场里开品牌专柜。他2000年下岗，那时听他老婆的一个同事说在商场做服装生意比较赚钱，于是就找关系进去了，一做就是十几年。

现在，商场的扣点比当初增加了5个点，店员工资、管理费、促销活动成本等费用成倍增加，同类商场也增加了很多，服装品牌的竞争日益激烈。

2002年至2005年做服装生意好赚钱，郝先生这几年发展到3个专柜，但随后因为营业额上不去又关掉两个，一直保留着最初的那个。新开的商场，有起有落，有的商场免两年租都招不满人。

郝先生所在的商场，虽然跟原来一样，还是有很多外面的人排着队想挤进来，但商场里不赚钱的商户却越来越多。郝先生年年都看到好几个同行亏个十万八万，黯然退场。

郝先生根据市场情况，不断调整经营方向，勉强维持着，但几年来一直摆脱不了危机感，老想着要跳出商场。2009年，有家超市招商，他去报名了。他感觉在超市卖特价服装，比品牌专柜更机动些。现在他做专柜，像做贼一样。

郝先生最初做的是一线品牌。那时做一线品牌的专柜不是很多，竞争性不是很大。四五年后，一线品牌不光是在商场里，在临街商铺也是遍地开花。一线品牌的单品利润空间被不断增加的成本挤压，销量也不断下滑。郝先生接着改做二线品牌，想通过走量来增加利润。但做二线品牌的人更多，量和利润都不上去。没办法，他被迫继续把服装档次降下来，做起三线品牌。他现在做的货品，春夏装吊牌价在198元左右，秋冬装在300～1500元。

按理说，他所在的商场应该是严格控制三线品牌进驻的。好在郝先生做的时间长了，跟商场关系好才没事。

在三线城市的中高档商场，三线品牌能卖，但不可能有太大的量，而且单品利润太低，所以郝先生的日子也不太好过。商场给的任务是年营业额40万元，硬性指标，做不到就得撤柜走人。一般冬装3个月能卖到20万元，剩余的20万元得在另外9个月获得。总的感觉是夏装不好做，所以等到商场打折的时候，郝先生就把价格压得很低清货，要不然营业额还真没有保障。生意艰难，只有某个年份碰到几个款式走得好，他才能赚点钱。

新的店铺尚未找到，老根据地还要守住，而且还得要利润，郝先生采取了私自贴牌策略。三线品牌，一年到头没有人来看一下他的专柜，郝先生这么做，只有他自己知道。

2007年，郝先生开始做第一单贴牌，马到成功。他在济南泺口进了一款虎门产的女装衬衫，换标到商场卖，爆卖1000件，48元进的，卖198元。

郝先生加盟品牌的经验丰富。他说，要拿小点的牌子来做，操作方式灵活，例如可以在公司拿唛和吊牌，在货品不太好走时，弄点大路货贴牌卖。

2003年，他做大牌子，2个专柜才赚5万元。那时候想做好点的牌子，结果很被动。之后选择普通牌子，就比较平稳了。

郝先生做小牌子，要求价位不太高，款式比较时尚，换款要快，跟得上市场。有一年，郝先生卖的小牌子的货，单件上衣拿货价是40元，吊牌价是128元。营业员有一天发现其中一件衣服的吊牌不是公司的，郝先生就按吊牌上的电话打过去问，原来是北京大红门一个档口的货，拿货价是15元。

郝先生之前经常到××市的商场考察，以为这样考察品牌比较有保障。这个问题，我们的加盟商就得留意了，××市很多品牌商到大红门打货，换上自己的唛和吊牌，然后入驻××市的商场。所以，我们在考察品牌商的时候，要求看到他们更多的分布在各个地方的专柜，而且要想办法联系到加盟商，咨询货品的销售和品质情况。

由于品牌公司的员工在操作上的疏忽，郝先生绕开公司，直接到大红门上货贴牌。仅是刚才说的那款衣服，他拿回来卖68元，就净赚了1万元。

10

在超市里如何卖服装?

有一些服装，就像矿泉水一样，摆在超市里面卖。这些服装产品就是我们平时在超市里面见到的内衣、内裤、T恤、衬衫、休闲裤、沙滩裤等。这些货品的营销路线都是走低价、走量，其商业模式跟其他超市货品一样，通过代理商铺货到超市，先卖后结，超市拿扣点。

这种商业模式，做得大的公司，同时操作几个全国性品牌，其货品分销到全国数千家超市里，年营业额可达上亿元。

何先生就是这种商业模式里面的其中一环——市级代理商。说是市级代理商，他的地盘仅仅是地级市城区范围。何先生之前打工，帮别的代理商跑了3年业务，把商业模式都弄得一清二楚，然后就自己代理品牌单干。

在好的商场里做品牌专柜，最少要投入十几万元，开临街店铺的专卖店起点则更高。很多人想创业，做专柜、做专卖，但考虑到资金投入，以及店址、人流、定位和货源等众多因素，不得不放弃梦想。

何先生从打工转型到做老板，也要考虑资金、店址、货源等因素。他最终选择自己熟悉的这种商业模式，有诸多理由：资金有限，只能选择不要转让费的地点；超市扣点虽高，但可以为他提供一个打开市场、提高品牌知名度的平台。

他的最初投入：进场费8000元，装修费7600元，首批进货3万元，周转金2万元，共6.56万元。无押金，超市扣点23%。

何先生所经营的货品，是国内一个内衣、袜子的中档品牌。他想，袜子成本低，没有季节性，又没有码数之分，用量甚至比衣服还要大，投资少，回报快。当初找品牌谈加盟，何先生心里有数，他有一个优势，就是他的工作经历让公司相信他有能力、有渠道。谈判的结果是，公司免收他的加盟费，可以直接进货。

连锁经营模式，统一配送、统一价格、统一风格，给加盟商省去了诸多麻烦。另外，何先生选择一个不是很出名的牌子，他也可以像郝先生一样，在经营中打一下擦边球。

11

开淘宝店铺如何解决货源的难题?

在接触淘宝店之前，总觉得开网店是件很简单的事，只需要进货、照相、上传，然后网聊就可以成交。接触多了，才发现要做好一家淘宝店，并不比经营实体店轻松。实体店要做的投资、装修、进货、陈列、经营管理等工作，网店不但一项都不能少，对于卖家来说还要求有照相技术、PS（修图）技术和推广手法等。难怪有人说，要成功经营一家网店，首先自己必须成为一个全才。

在淘宝上开服装店的人很多，但不是随随便便就可以成功的。一样要求店主有与众不同的地方，有自己的优势，这样才能从众多店家中脱颖而出。

路途（网名）原来从事网络方面的工作，他老婆很想从事服装行业，就开起了淘宝网店，经营中档淑女装和白领女装。做女装要有眼光，这方面是他老婆的专长，再加上他对网络的认识，算是强强联手。

初期进货，路途舍近求远，跑到中国女装名镇虎门来。挑版和颜色，坚持以他老婆的眼光为主，只拿自己喜欢的。这点跟实体店有些不一样，网店毕竟是面对全国的消费者。而且他的网店刚刚开张，顾客群都没有建立起来，按顾客需求来上货无从谈起。选码数也跟实体店不一样，得拿全。路途首次拿的货，一个色只拿一个码，一个码只拿一件。

经营步入正轨之后，路途碰到的最大问题是缺货。解决缺货问题，就是多备些货，时刻保留充足的货源。至于压货，就打算留到第二年再卖。

路途所在的南宁市服装批发市场的级别介于二级和三级之间，开服装网店的基础条件比不上其他大城市。但有困难反而是好事，困难可以让路途更有拼劲，在货源上采取跟普通店铺不一样的操作模式。

普通的淘宝店铺，到批发市场淘货，时间花费大，货源不稳定，风格难统一，补货难，价格高，很难跟批发商建立起合作关系。南宁市距广州、虎门等地六百多公里，淘货的方式对他来说没有生存空间。

路途按店铺的经营定位，先找六七个档口，以零售店主的身份跟他们合作。这样做，货源集中、风格统一、价格优惠，碰到好销的版，补货及时，货源充足。生意做上去了，路途进一步筛选，只保留两个长期合作的批发商。这样，他可以享受到打包客的待遇。其他货品，则是自己找版下单。工厂由批发商介绍，所以一开始操作就比较顺利。

很多人想找版下单，一看下单起步量太大，就放弃了。但路途认为，问题不在于量，而在于版。工厂的起步单量，无非就是一个版200件。只要找对版，这些量只是小意思。路途做得最多的一个版，卖了2000件。跟工厂熟了，操作上更为方便，大家的版可以互通有无，有时候下单量也不用那么大。路途下单量最少的一次才50件。此外，工厂还经常把做的跟单货卖给路途。

路途现在以找版下单为主，跟批发商合作为辅。版的来源包括竞争对手的热销货品、服装设计网站、时尚杂志、批发市场、各品牌服装网站等。路途在批发市场集中拿货，既可以拿到低价，也可以保证店铺货品风格统一稳定。这种方式，比较适合于刚起步的淘宝小店。

路途在拿货的过程中，能与厂商很快建立起合作关系，这其中有他的诀窍。

1．事先要掌握一定的服装知识。不要一到批发市场就扎进档口看货选货，先以看货为目的，多走两遍目标货品的档口，把市场行情摸清楚，同时也可以熟悉整个市场的环境，调整一下心态。要让批发商看得到自己是个认真做生意、能把生意做好的人。

2．不要刻意装成实体店主及打包客。不要太高调，更不要夸夸其谈。批发商大多数是生意精，能一下子看穿新手，并由此判定新手是个可以“坑”一把的人，而不是可以发展为合作伙伴的人。批发商很实际，你无论说得多好听，到最后没拿几件货，他一样不给优惠。

3．不要在生意繁忙的时候到档口选货。争取有充足的时间，主动与批发商交流，以诚恳的心态向批发商请教学习，并适时适度地要求批发商在价格和换货方面给予优惠。批发商最喜欢拉拢有潜力的新手。当然，也不能糊里糊涂地听批发商说什么就是什么。

4．问价钱的时候要压低声音。有其他客人在的时候最好不问价钱，一定要问的话，就不要让其他客人听到。批发商喜欢和成熟、得体的客人打交道。

5．第一次看货，要给有兴趣的档口留下一个印象。跟老板或小妹多交谈几句，临走之前记得跟人家说待会儿过来。第二次来了，要强调一下自己来过。对方觉得你走了一圈，最终还是选择了他们，很容易拉近彼此间的距离。第二次来，不管成交与否，都要留下批发商的联系方式。

6．不排除个别批发商对生人非常冷淡、对小客户非常排斥的情况。不管碰到多少批发商的钉子，也要以选好货、做好自己的生意为目标，保持良好的心态，与接下来的每一位批发商打好交道。毕竟，热情好客的批发商占绝大多数。

7．和工厂接触最好通过关系。没关系也要混出关系，可以说做生意得先做人。在服装流通的中间环节，花钱的不见得是上帝，越靠近源头的越像上帝。如果上家看到下家有不顺眼的地方，一件衣服随便多开几毛钱，几千件衣服就是上千块钱。

很多商圈有专门的市场，或市场里有专门的区域是做网版的。所谓网版，就是专门供给网上批发、零售的货品，批发商提供图片，有的还提供数据包，网店店主接到客户下单了，再拿货发货，要是消费者退货了，网店店主一样可以把货退回给批发商。在深圳南油商圈，没有做网版的专门区域，但很多批发商也有这样的服务。除了实体市场，网上也有专门的公司、网站为网店提供这样的服务。更多的批发商、供应商，还会提供代发货服务，也就是平常所说的一件代发。

网版、一件代发在很大程度上解决了网店中小卖家的供应链问题。一级批发市场涌现出来的散货界买手群体，在为实体店解决供应链问题的同时，也为网店解决供应链的问题。

散货界买手，一部分有特定的服务对象，如只给自己家的店铺采购，只给自己服务的公司或个人采购；大部分买手都会利用互联网做营销推广，以及接单。因此，我们常说的散货界买手，是网批的一种模式。

买手与炒货有何区别？炒货以现货为主，风险大、成本高；买手是轻运作，即买手以先拍照，后拼货，接单后再去进货、发货的模式为主进行运营，只有当批发商的货品供应紧张，以及遇到自己有信心销售的货品时，才会适当压一些，因此压货风险小、成本低。客户以买手拿货的成本，基本上比客户自己到市场拿货要低。在十三行，没有量的话，客户拿货不仅仅是价格高的问题，而且还未必能拿得到货。

大凡成功的买手，都具备三个基本要素：款多、现货、更新快。厂家因为单款生产量大、周期长、新款更新速度慢，无法满足目前中国散货市场的快速需求，所以很难操作网批业务。因此，买手的网批前景更加广阔。那么，淘宝卖家与买手合作的契机又在哪儿呢？

1. 买手群体大部分都是比较专业的服装人，但很多淘宝卖家是外行，只懂运营不懂服装，对货品的选择显得盲目和不知所措。专业的人做专业的事，这个时候和有经验的买手合作，就会更有优势。

2. 淘宝大部分卖家（做网版和一件代发的除外）目前的很多利润都在库存货上，和买手合作，可以款多量少地拿货，然后一次性预约好模特拍照，推出一系列新款，好卖的继续补货，有爆款潜力的再考虑自己下单。做活动时和买手沟通，看哪些款大量有货，避免新款无处找，找到了旧款又已下单生产的情况发生。下单数量一多，就有了库存风险。

3. 对于初级卖家和中小卖家，尤其是离一、二级批发市场远的，除了一件代发，建议将买手作为最佳选择。

| 第五章 |

任何时候都要利润最大化

1

生意不好，是以退为进还是坚持到底?

服装的淡旺季，各地情况不同。就我国大部分地区来说，服装的旺季在夏季和冬季，春秋季仅属于过渡阶段。而云南大部分地区，冬季的生意未见得会旺，反倒是春、夏、秋三季的生意比较好做。

生产、批发和零售的旺季各不相同，依次延后。品牌的春夏装的生产旺季在春节前的几个月，秋冬装的生产旺季在6月之前的几个月；大路货的生产旺季紧跟批发旺季，比批发旺季稍微提前一点；春装在春节前就有批发，但它的旺季在春节之后，夏装的批发旺季在4月，从8月开始是秋装的批发旺季，紧接着是冬装的批发旺季，一般到元旦前结束。

做外贸的工厂，生产要比做内销的工厂提前。有的外贸厂，在今年冬天已经开始做明年的冬装了。

零售的旺季，大致上春装在春节后一个月左右开始，夏装从4月份开始，秋装从8月中下旬开始，冬装从入冬前到春节前。同时，视地域的不同各有差异。

以上说的是淡旺季的普遍规律。不排除有不同的情况出现，如春节在阳历日期中的差异，比较早的春节在1月20日左右，而2015年的春节在2月19日，属比较晚的。春节晚了，很多批发档口就不会考虑春节后做春装，而是直接上夏装。

对于大部分地区来说，春节后半个月或一个月，以及7月、8月，是一年中最淡的两个时间段，但也会受到天气的影响，使淡季的时间延长。此外，淡旺季也会随着时间的推移有所变化。在七八年前，4月也是一个极淡的季节，春装卖不动，夏装没人买。到了最近几年，由于气候变化，4月成了夏装的销售旺季，北至河北承德那边的零售店都是这样。

做服装生意，生意好的店铺，天天都是旺季，似乎没有淡季；生意不好的店铺，没有旺季，天天都是淡季。顺德的李先生这两年的生意属于后面那种情况。

李先生之前有两个店铺，一个做手袋，一个做服装，位置不差，都是在商业区，附近有小区、学校、超市。不过，受金融危机的影响，生意一下子缩水了很多。李先生的生意不好，就想减轻负担，便把手袋店转了出去，剩下一个服装店，他的想法是船小好掉头。

我们平常见到一些朋友，生意不好的时候心里很急，第一个表现就是不断更新货品、变换货品定位，结果是新客拉不来，老客留不住，库存一大堆。第二个表现就是为了增加人流增加营业额，盲目地打价格战，打折、有买有送等手法全用上，结果大大透支了人气，活动结束后，生意更加惨淡。

很多店铺，包括大型商场，大搞促销活动，用一句俗话说，就是“赔钱赚吆喝”。这一吆喝，元气都伤了，等环境好起来，旺季来临时，店铺的形象在顾客心中全都毁了。

李先生说，这样的大环境，想通过折腾店铺来换得生意好，很难，只能等机会。

李先生8月底去广州，想另外找些货来清。当时市场到处在清货，虽然便宜，但款式和质量让他下不了手。最后他还是到老供应商那里进了点货，还上了点秋装小外套。

做熟客生意的，店里有什么货，顾客都看过，即使清货，他们也不太愿意买。如果是换了别的货去清，货品风格、质量等全变了，不但没有生意，而且影响不好。所以李先生认为，淡季时期，减价不是唯一的出路，也不应该是。减和不减都差不多，减了以后还更难正价卖新货，倒不如不减。全年受环境的影响，赚不到钱，但只要做到不亏钱就行了。

李先生认为，市场情况总体不好，全年都是淡季，这时坚持自己的定位和经营方向，降低成本及减少积压才是关键；甚至有时候，关门不做才是上策。李先生的观点我认同。企业跟人一样，生老病死是自然规律。大环境不好，店铺即便采取一系列管理、经营手段，也很可能徒劳无功。

李先生说如果店铺亏钱，他会关门不做。不亏钱就没有必要关，除非自己再也不做服装生意。环境不好时转出去，会亏很多，等环境好了，再接手的费用要高很多，还要从零开始，前几年赚的钱全搭进去了。

狭义的淡季，属于季节性的。广义的淡季，还包括经营管理和市场因素造成的生意冷淡。生意不好的时候，正确分析原因才能找到正确的解决方法。

生意不好有可能是经营管理不善，如果归结为淡季，等旺季来了，店铺也不能有所收获；生意不好，原本是淡季的原因，如果归结为管理不善，措施采用不当，反而会自乱阵脚。淡季来了，大搞折扣低价促销，有的店铺获得成功，有的店铺苦不堪言，不能一概而论。

正确的解决方法是找到适合自己的方法，而不是照搬别人的方法。别人的做法，不管对错，都只有借鉴意义。

像李先生的一位朋友，当初经营一个店时，生意不好。但是他逆向思维，在生意不好的时候，反而多开了两个店，结果情况好转起来。换成李先生，他第一选择放弃，第二选择坚守。

没有不赚钱的行业，只有不赚钱的老板。在淡季的时候，这句话更有意义。淡季不淡，就看店铺老板们如何去理解了。

2

淡季低价盘下档口，如何操作？

梁小姐7月在株洲芦淞批发城找了个档口做批发，开业一周了，才卖掉几件货。头一次做批发，生意惨不忍睹，她几乎没有做下去的勇气。

档口一年的租金是3.5万元，一次交清，管理费等每月1760元，两个月一交。开业之前她在广州沙河进了2000元的T恤，开业一周后又去了一次，进了1500元的裙子。结果是15元进的裙子卖16元，连运费都要贴钱了，还卖不出去。

梁小姐投了4.5万元，差不多是她的全部身家。档口如果转出去，她要损失七八千元，如果要做下去，又不知道到冬天是否能够把本钱挣回来。

梁小姐问我，像她这样没有实力的批发商该做什么货品，如何定位？进货没有优势，是不是只能退出？

我们找店铺，一般选择在淡季，这时候空的店铺最多，谈下来的租金和转让费都比旺季便宜。普通的店铺有个装修期，装修好了，正好进入季前销售旺季。但是一般的批发档口，基本不用装修，接过来的时候有货架的话，直接换个招牌就可以开业。如果是一格格的格子铺，甚至连招牌都不用换。

在淡季接手店铺，一些人会让它先空着，留到换季再开业。服装店铺在淡季开业，不是不可以，但是在准备货源时要有针对性，得适合在淡季销售。比较糟糕的情况是，有不少人根本不知道服装有淡季这回事，接手后就急急忙忙地开业了。

7月中旬，对批发来讲是淡季，对零售来讲也是淡季。像梁小姐，没有渠道和实力进到应对淡季的货品，就不应该急着在这个时候盘下档口。整个7月，会有不少档口转手，档租应该没什么差别。8月的档租会上涨。如果梁小姐拖到7月下旬接手，档租可以省好几千元，而且过不多久就可以上秋装了。

梁小姐7月初把档口盘下来，应该把重点放在旺季赚钱的准备上。她现在随便进一点货，得不偿失。非常时期，15元进的裙子，别说卖16元，就算是卖13元、14元，亏一点能卖也要卖。想想，要是她接手后等到8月下旬再上秋装，现在一点损失都没有，而且在手里的全是现钱。

梁小姐开始进的是T恤，后来又去进了一批裙子，货品搞得杂了。T恤多上几个版，或许会提高一点成交率。裙子是容易过时的货品，这时候上的货应该是旧版，清货都有难度。

邵阳的小杨，在市商业中心一家新开的商场租了一个店铺。商场7月初开业，也是淡季。不过，他做的是零售，而且开业初期，商场和各店铺都会搞促销活动，短时间内应该会有人气。至于以后人气如何，那是后话。

小杨的店铺位置不错，在电梯口的对面。他想男女装都卖。我提了几点建议给他：

1. 控制好首次进货量，少量多次进货。开业情况好，随时可以到广州补货。不必一次压太多货。

2. 货品以男装为主，女装为辅。男装次年还可以再卖，女装过时了就不值钱。有压货的话，女装清货的动作要比男装狠一些。

3. 搭配些牛仔来卖。牛仔一年四季都可以卖，可以分担淡季的压力。

零售店铺在淡季开业比批发灵活一些。像梁小姐的批发档口在淡季开业，货品又不能做得太杂，着实棘手。她现在的T恤和裙子都卖不动，是不是再进些其他款带动销售呢？当然不能再进其他款了。先把现在卖不动的货处理好才是上策。

梁小姐的小本生意，资金不足，这批货压在档口，必将影响到秋冬装的进货。梁小姐进秋冬装的资金还没有准备好，现在就必须着手准备了。如果没有办法准备，最好是放手不做，早一天决定，少一天损失。

梁小姐的思想斗争甚是激烈，说要考虑几天。她最关心的是现在3500元的货如何处理。我跟她说，放在档口等客上门是下下策，应尽快找到零售店铺，把这些货全部拿出去清，是代销还是低价卖断，看她跟人家谈的结果了。

半个月后，梁小姐告诉我，货没有亏本低价卖断，是高于批发价2元给零售店代销。最后货的本钱和路费回来了，剩下二三十件衣服就当是赚来的库存。

挨过了最艰难的淡季，接下来是旺季了。11月中旬，我问梁小姐生意如何，她说7月的教训太深刻了，之后做什么、怎么做都非常小心，所以后面做得比较稳，能赚一些钱了。

3 如何在淡季扭亏为盈?

做展会的，一般从10月开始到年前结束，几个月赚一年的钱；武汉的服装加工厂，做冬装的居多，所以在夏季，部分商户关门不做生意；部分摆地摊的，夏季和冬季各挑最旺的两个月时间做生意。对他们来说，没有淡旺季的概念。从服装经营的角度来说，这是一种战略。

大部分人认为，春、秋两个季节属于淡季，追求保本或少亏一点；夏季属于小旺季，少赚一点或平本就行；在冬季时再集中精力，把一年的钱赚回来。持这种观点的人，往往在夏季的备货和销售上采取比较保守的做法，导致本应该是旺季的夏天成了淡季。这是服装经营战略上的失败。

夏天卖量，冬天卖价，这是服装基本的销售模式。少部分人这样理解和认为：夏季其实比冬季更赚钱。冬季天气不稳定，销售时间短，冬装单品价格高，走量有限，压货风险大；而夏季销售时间长，夏装单品便宜，能走量，压货风险相对较低。持这种观点的人，集中精力和财力经营好夏装，能把夏季做成旺季。

邢小姐在服装城里做批发兼零售。她今年整个夏天，包括7月、8月，生意都不错。用她的话来说，货上对路了，还真没淡旺季之分，想做好生意的人，一定要把淡旺季这个概念抛弃。

品牌公司在淡旺季搞促销，有时会发一些往年的库存旧版到个别专柜特卖，偶尔也能卖出爆版。邢小姐做的是大路货，她在旺季找爆版卖，在淡季也找爆版卖。在淡季找到几个爆版，淡季就不淡了。而批发城里其他商家在淡季基本上以清货为主，没有几个生意不清淡的。

邢小姐说："去年运气不好，在淡季就收了些尾货，便宜收便宜卖，反正只要能保证店面开支就出手。今年7月我就碰上了几个好版，一路飘红到9月。"

到了8月，天气仍然很热，长袖还是不能卖，邢小姐就瞄准学生的市场，上了学生装的休闲裤、运动裤和迷彩裤。这时候，补课的学生开学了。到了月底，她那里的大学生也会买衣服带到学校去。进入9月，所有的学生都开学了，也是一个小高峰。过后，就是上秋装了。

怎么样才能找到淡季中的爆版？

1．把目标锁定在接近大众休闲风格的版上。太时尚的不行，时尚的版一般季前出来，流行时间短，到了季末已成明日黄花，而且走不起量。

2．选择市场内其他店铺没有做过的版、有一定特色的版。在一级市场及别的市场可以是旧版，但在自己的市场一定要是新版。

3．上家的存货要有一定的量，尽量做到齐色齐码。这样的话，用几天的时间试卖，出效果后，补货就有保障。

4．价格一定要便宜。即将过季的货，不同的上家处理方法不同，有的宁愿留到下一季卖也不会降价过多，有的则会大幅度降价。淡季的时候，价格便宜的货才有条件做出爆版来。

淡季不淡，做外贸货的盛先生也有一套独特的做法。盛先生在宁波有一个实体零售店，由他老婆打理。他本人则在上海，打理自己的一个批发网站。服装的生意，夏天普遍比不上冬天。若是经营不好，在很多地方，对很多店铺来说，整个夏天都是淡季，盛先生的实体店在夏天的生意也是如此。宁波的服装厂以外贸代工为主，他能找到比较丰富的夏装产品。这时，他就重点做网上推广。

冬季生意好做，但是盛先生在宁波的外贸工厂几乎找不到棉衣、羽绒服、棉裤等品种。宁波有内销厂生产当季产品，不过很少有加厚的大衣、羽绒服。这时，盛先生就重点找货源，到外地找冬装，把实体店的生意做好。同时，在宁波找春秋装，为批发网站明年的生意做好准备。

盛先生的生意，外地和宁波互补，网络和实体互补，对他来说，全年也没有淡季这一说法。

4 内衣门店如何度过淡季?

黄小姐经营一家内衣专卖店。她之前做过的几个服饰品牌，在淡季也支持店铺的促销，以低折扣提供一些旧版、特价版等，但她觉得品牌服饰竞争激烈，产品组合和调整方面有局限性，顾客对服饰的选择性太大，忠诚度的建立有一定难度。这些问题，不是品牌公司能解决的，更不是她能解决的。鉴于此，她才选择了内衣专卖。

内衣主要分春夏款和秋冬款，春夏款的用料薄、颜色浅，秋冬款则相反。因此，内衣店也有换季和淡季之说。因为是三线城市，所以黄小姐在选择店址时考虑到人流量要大，选择品牌时考虑到受众要广泛。专卖店具备了这两个条件，生意就成功了一半。

内衣是贴身衣物，产品的面料一定要过关。劣质产品不但没有回头客，还可能招致顾客投诉。黄小姐选择了汕头的雅蒂芬品牌。雅蒂芬产品面料高档，设计大方时尚，中心价位在50～80元，非常适合她那里的消费人群。更重要的是，雅蒂芬的经营理念和后续服务让黄小姐觉得较为放心。

比如，雅蒂芬经常对终端店铺做各种不定期的销售培训和经营管理培训。要求营业员做到，对进店的顾客，必须很清楚地看出顾客穿什么样的内衣比较合适，然后给顾客最准确的推荐。这需要营业员平时多观察顾客的体形和喜好，并做好资料登记，这样才能给予顾客个性化服务，培养熟客。同时，也可以做到科学合理地补充货品。

淡季人流量少，消费者购买欲望低。平时做好顾客的资料管理，就能确保店里有一定的老顾客。黄小姐也切身体会到了，内衣是女性最贴心、最私密的伙伴，内衣产品的顾客忠诚度远远高于时装。在淡季，平时的积累是重要的。其次才是想办法吸引人流，提高消费者的购买欲望。

淡季也是清理库存的好时机，要搞促销来提高营业额。在避免生意亏损的同时，还要利用淡季来重新整顿销售团队和店面装修。

泳衣也属于内衣的范畴。内衣淡季正是泳衣旺销的季节，可以用组合的形式去经营。操作好了，甚至可以做到全年没有淡季之忧。

黄小姐的经验是，淡季光凭终端店铺的折腾，非常吃力。如果品牌公司能做到全程服务，服务细化到了淡季，并在淡季中想客户之所想，那么店铺全年的经营才有活力。

做了近十年内衣连锁零售的叶帆谈了他对内衣经营的一些看法：

“内衣市场终端这几年处于租金上涨、人工上涨、网店冲击实体店的困境。原来还有顾客把实体店当试衣间，现在有的顾客根本不过来了。网上的内衣品牌多的是，顾客忠诚度下降，造成淡季很淡、旺季不旺。很多实体店举步维艰。

“内衣代理（包括省代、市代）的处境也非常尴尬。福建有一个非常有实力的代理商，操作了十几年的国内知名品牌，在开过订货会、收了订金之后，一夜间被厂家取消代理权，搞得非常被动。有的代理商开始贴牌推自己的品牌，有的也利用自己的资源优势做淘宝、天猫。现在越是知名品牌，网上销售越多，价格越乱。但有的厂家控制得不错，组织终端店铺统一网上价格，图片、数据包统一发送，基本杜绝了网上销售价格的混乱状态。

“内衣品牌连锁这两年也在大力发展，在福建的渠道已经扩张到乡镇一级，严重冲击了单独组合内衣店的生存。我认为，内衣市场以后线上线下渠道将会打通，价格趋同，内衣品牌厂家自己也会加入销售行列。旧模式的组合店大部分会被淘汰，内衣品牌连锁会继续发展壮大。现在很多内衣店开始用微信做会员管理、新品推荐，以及销售，这也算是O2O的小介入。

“内衣的淡季在每年的7月至9月。淡季里厂家、代理都会拼命给终端压货，或者代卖，或者降低折扣。代理自己也会在门店做各种促销。我们这个时候也是做了很多活动，买一送一，第二件6折、5折之类。其实在淡季，大家都会业绩下降，只不过之前做得好的业绩就会下降得少。最重要的还是维护老顾客的忠诚度。”

5

搞促销、上新款、增加配饰，淡季该做的事情还有哪些?

“没有淡季的市场，只有淡季的思想。”话虽这么说，但实际上整个市场不可能没有淡季。没有淡季的服装市场永远只属于少部分人。所以，对大多数人来说，如何渡过淡季还是最现实的。

淡季该做的事情有哪些?一些店主会说为旺季做准备。不错。同样，我们旺季赚钱的时候，也别忘了为淡季做准备。

黄小姐卖服饰尝试过好几年淡季的艰难经营，关于淡季，她还有很多经验之谈。

赚钱锦囊

1．生意不为淡季而做。做生意首先要考虑旺季赚钱，其次才考虑淡季经营。

2．淡季抓调整，旺季多赚钱。调整包括内部的店面调整和管理调整。

3．生意最清淡的时候，不必在店铺里花太多时间。出去转转，看看别的店是怎样经营管理的，都卖什么货；也看看别人店铺里店员的服务态度。

4．记住，在生意最清淡的时候，管理好店员，不要被同行撬走。

5．淡季是找店铺扩张的好机会。淡季充分准备，旺季之前开张。

6．淡季推出购物赠品和一些新品，以此吸引顾客。清货过多、过狠，会损害店铺和品牌形象，是不得已才采取的方法，能不清就不清，能不狠清就不狠清。

7．淡季重点推一些季节性不是很明显的货品，如牛仔系列。有条件的店铺可以经营多种货品，如服装配饰、皮具、鞋包和玩具等。

8．与顾客保持联系，包括微信、电话、短信、QQ和电子邮件。

我在服装商学院的课堂中调查淡季上新的问题，先后有400个左右的店主参与，其中90%的店主认为淡季上新货可以提升营业额。在问卷调查中，就淡季提升营业额及淡季上新货这两个问题，45个店主反馈了信息，其中：36个店主认为淡季通过上新货可以提升营业额；4个店主认为上新货没有作用；5个店主没有提到上新货，有的认为他的生意没有淡旺季之分，有的提出了其他可以提升营业额的方法。

45个店主反馈的信息整理如下：

1. 拿一部分款做特价，但效果不怎么好。很淡的时候会上一些新款，但治标不治本。

2. 没有什么好的措施，有新款都上。

3. 淡季的时候，主要的解决方式就是搞促销活动，特价酬宾，在老客户当中开发业绩。

4. 淡季时衣服还是要上多，款多量少，找几款畅销的带人气。便宜拿货，便宜出售。

5. 淡季时从货品搭配入手，经常改变搭配；有节奏地上少量新货，新旧货互相搭配；经常改变陈列与展示布局；搞些促销。

6. 提早换季上货，总是能吸引一部分顾客（品牌折扣）。

7. 新货不断，另外搞各种买送活动。如夏季购物送浴盐、手机贴等，店庆期间送洗衣粉等。

8. 逆向思维，别人不上新货时，你要考虑少量更新货品。无论什么时候，总有一部分顾客在寻找适合的衣服。别人不能满足的，你来满足。

9. 淡季少量上新，毕竟社区店逛的人就那么多，基本都是固定消费群。

10. 淡季更要注重服务质量，提高店员的销售热情，提高店员提成及奖金，以提高成交率。

11. 打算在即将到来的淡季里主打饰品类，提高销售额。

12. 基本每个星期都上新货，不分淡旺季，会进一些小东西赠送。根据客人需求增加一些货品。

13. 淡季多去实体批发换新款，加快上新货频率。

14. 营造气氛，冬季增加暖色光和提高店里的温度；多联系老客人来捧场，做酬谢老客人的活动。

15. 没有上新货，以陈列为主；只调陈列，不亏就好。

| 第六章 |

学会控制才有利润

1

楼中店的压货有哪些处理途径？

李小姐开楼中店，专注于白领，以正装为主，休闲为辅。

第一次进货，李小姐以自己的眼光为主，对版和数量上的把握不准，部分货品齐码不齐色，部分货品齐码齐色。她特别有感觉的版，每码进了两三件货。新店开张，版和量是上足了，初期又大量发传单，顾客对楼中店较有新鲜感，所以头一个月，李小姐的生意非常不错。

顾客与店铺之间有一个磨合过程。慢慢地，楼中店的货品定位越来越清晰，顾客也越来越集中。虽然人流量随着时间的推移慢慢减了下来，但是因为服务做得好，楼中店的购物环境和气氛也不错，所以不断有新客人增加。此外，老顾客也不断介绍朋友过来。

营业额大部分来源于老客户。要留住这些客户，除了服务之外，最重要的还是货品。李小姐需要不断地上新货，以满足他们的购买需求。

熟客是培养了不少，但李小姐付出了两个月压货5万元的代价。5月初开业，6月一过就是淡季。李小姐面对着5万元的库存，有些急了。她在7月、8月忙于清货，搞会员促销、购买返现及赠送代金券等，也派发宣传卡增加新客户，拉动消费。

清货主要看新顾客，旧款都是老顾客看不上的，所以没多大用。李小姐这么一清货，对老客户也有影响，他们会认为之前的衣服买贵了。清货影响了稳定客源，以后上新货，正价销售的难度会增加。另外，李小姐只顾着清货，没有及时补充适量的新货，7月、8月的营业额并没有因为清货力度大而增加，反而比6月减少了一半。

如果是新货，即使是正价，顾客也乐意埋单。生意还要做，新款还得上，不上新货拉动不了消费，但是上太多又怕压货太多。怎样处理好采购、销售和压货的关系，成为李小姐最头痛的问题。

不少楼中店是由网店发展起来的，网店兼实体销售，两个渠道各走一些，库存也不是很多。如果是两个渠道都不好走的款，就通过网店特价甩卖。这一点，李小姐想到了，于是她也开起了网店。

同样是开楼中店的李先生，不但有网店，还有一个临街店。楼中店做的是中高档以上的货品，客户较为集中，单品利润高；临街店做的是中档货品，客户较为广泛，适合走量。这两个店都卖外贸服装，滞销的货品可以互相调换。同时，网上再重点推一下。即使到最后还是走不动的货品，李先生也不会降价处理，而是留到第二年放到街店卖。这并不是说所有的楼中店都要开临街店将库存分流出去。如果是这个意思，那么楼中店存在的意义就大打折扣了。

李小姐在楼中店搞太多的促销打折活动，我不提倡这样做。她的网店又是刚刚起步，处理压货的能力还不行。但是她的压货总是要处理，不开街店，去找街店帮忙清货总可以吧？两个店铺，如果货品风格、定位等对得上号，互换货品销售也不是不可以。如果街店不合适，也可以考虑摆摊（包括到社区、写字楼的大堂、商场门口、超市门口等）。

我所见过的楼中店，有批发和零售两种类型。以批发为主的楼中店，经营各种档次的货品，包括低端的。这种做法，很少有压货。少量滞销的货，也可以夹带在其他货品中分流出去。大量的货品，可以以垃圾货的价格打包处理。

做零售的楼中店，以经营中高档货品的较多。中高档的货品，追求的是单品利润，库存相对较少。

李小姐经营中档的货品，要走量才有利润，这样定位的楼中店，有较大的经营难度。所以在投资这类楼中店之前，要考虑人流量是否有保证。另外，在进货上需更加小心翼翼，要找到较好的处理压货的途径。

多年以前，网络上流行的经营秘籍中提到货品分批上架。那时交通和物流不方便，店主去一次批发市场不容易，一次上足半个月甚至一个月要卖的货。为了避免一次上架导致顾客挑完货后剩下的货没人要，也为了保持上新货，会将货分成好、中、差三批，先上差的那批，再上中的，最后上好的，让顾客觉得货品一次比一次好，购买时一次比一次开心。

现在进货的渠道越来越多，越来越便利，店主压货的风险也越来越低，基本上不用考虑货品分批上架这种方法了。实体批发商、网上批发商、买手等供应商，通过B2B网站、微信、QQ等平台发布新款，零售店主可以马上下单，供应商当天发快递，快的话第二天就到货了。有的店主昨天卖了10件衣服，今天就下单10件，昨天卖了20件，今天就下单20件，始终把库存控制在最低水平，而且店铺几乎能天天保持更新。有的店主甚至这样做：把供应商的图片转发到自己的朋友圈，或转到放置在店铺的平板电脑上，供消费者挑选，消费者支付订金之后，店主再向供应商下单，供应商通过快递发货，隔天，或隔两三天，货就到了店铺、消费者的手上。

2

为了清20万元的压货，开第二个专柜有效吗？

云南的杨先生做一个品牌的省代，招不到其他人加盟，只有自己开的两个店，生意不是很好。品牌公司觉得他没有利用价值了，就把尾货放到昆明来清，搞得杨先生很狼狈，被迫放弃代理权，保证金、加盟金等分文都取不回来。

加盟品牌，品牌公司有很多主动权。加盟商生意做得再好，合作的主动权也在公司手上。品牌公司出于市场格局的调整，或者是为了与更有实力的加盟商合作，会用尽一切手段打压原加盟商，而且可以做到不违反任何合同条款。

李先生作为一个童装品牌的市级代理，虽然没有被打垮，但是被迫为品牌冲锋陷阵，生意不到最后，是赚钱还是亏钱他都不知道。

李先生两年前加盟一个童装品牌，并进驻一家新商场做专柜。新商场没有那么快做起来，李先生的生意也受到影响，第一年就压了20万元的货。

第二年，李先生必须完成品牌公司定的40万元的全年销售任务。而这一年，商场的生意也有所起色，开始对专柜下任务，他的任务是年营业额40万元。这两头的任务，要是有一个完不成，李先生就会被踢出局。一旦被踢出局，几十万元的存货就只能自己兜着走了。

上船容易下船难。李先生硬着头皮订货，然后拼命清货。清货也有利润，虽然低得很，但靠走量还能赚到一些钱。可李先生的库存始终保持在20万元以上，现金不见多出一分钱。

进货的时候很关键，别以为好货在好的商场就不怕卖不出去。北方的四季气候变化很大，也很快。就说2009年，在开春的时候，李先生酝酿好了在7月、8月拼一下，进了不少夏装。结果，这个夏天热了不到一个月，他的夏装也因此压了15万元的货。

李先生的库存20万元，指的是进货价。能收回来多少钱，就看怎么清了。清来的钱就是赚的。如果20万元的货5万元全清了，或许几天时间就可以搞定，但换作是谁，都不甘心这样做。

清货太狠，不但利润缩水很多，牌子也会做砸。李先生开始只是在专柜里边清，不知道其他的处理渠道。后来，他看到别的品牌代理商在另外的商场租专柜，专门清库存，于是也跟着这样做。

两个商场在同一个市，相距不能太近。在具体销售操作上，两个专柜要区别对待，尽量减少对品牌形象的不良影响。做新货的专柜，因为有了消化库存的地方，促销活动不用那么频繁，折扣也不用太低。另外，不用担心达不到全年的销售额，所以采用少量多次上架的方法，货品常有更新，生意起色不少。

另外一个专柜，也犯不着将库存贱卖。李先生长期搞特价销售，生意不错，减去扣点和管理成本，进货成本能赚回来。最重要的是，能把盈利慢慢地换成现金。

要说明的是，李先生做的是市级代理，才能这样操作。如果他只是其中一个专柜加盟商，这样另外找地点卖库存的做法，同城别的加盟商肯定不会同意。

3

处理压货还有哪些好方法?

周先生做专柜亏了，5 月撤出来时，有 8 万元的尾货。他问我：“现在还有几百双鞋和一些衣服，该如何处理是好？衣服和鞋子进价都是 100 元左右。”

我说自己找个店处理成本太高，还不如低折扣转给别的店铺。周先生说曾经找到一个人，但出价太低了，才30元。

接着，我给了周先生几个方案，供他选择：

1. 摆地摊，或在商场前面摆摊；

2. 在超市特价卖，或租商场特卖区清货；

3. 给别的店铺代销，定价销售，店铺拿提成；

4. 短租一个月的街铺；

5. 开一个网店卖。

周先生的货全是秋冬款，跟我说这件事的时候是8月。怎么做，他需要马上决定，以便提前做好准备。

到了12月底，我问周先生尾货处理得如何。周先生说他在一个街道找了一个铺面，2000元的月租。他从9月开始清货，价格是成本价加运费，到现在才清走一半。剩下的货全是断码的，价格是成本价的8折，也清不动了。

也有人跟他谈，说一次性拿完，30元一件货。刚租下铺面的时候，有一个人出60元的价格全清，周先生想到铺面都租了，要自己碰碰运气，就没有答应。现在，他追悔莫及。

如果过年前这批货清不完，不但贴租金、贴人工，货还更不值钱。他在网上发布了信息，但一直无人问津。他想弄些库存衣服来卖，补贴一下租金和人工，又担心越陷越深。

同周先生相比，周小姐的多渠道处理尾货，是我向大家推荐的学习榜样。

周小姐在烟台某大学攻读博士学位的同时，开了一个火锅店和两个服装店，其中一个服装店在大学城里面，面积有105平方米。

在大学城里卖服装，要求款式新颖，卖价不高，以走量为主。周小姐大学本科学的是商务英语，有很多同学从事外贸工作，所以，她有关系拿到适合学生穿的正宗外贸货，而且夏装的进价都不超过30元。

周小姐卖服装，本来就是玩票的性质，没有当作事业经营，赚了亏了心态都很平和。她觉得之所以赚了，主要是因为人脉还不错。周小姐的人脉，在处理压货时发挥了重大的作用。

第一，请学生开设网店，学生拿提成。这样做，旺季得业绩，淡季清压货。

第二，颜色不够鲜艳的服装，请学生去早市摆摊。

第三，颜色鲜艳的服装，请学生到夜市摆摊。地摊生意的利润，周小姐之前想都不敢想，有时一个晚上能够赚4000多元。

第四，她有个同学，家里开了个超市。之前所有方法都清不走的货，她全部批发给这个同学。

周小姐在学校卖服装，有近6年的经验。她总结说，服装有风险，入行需谨慎；赚小钱容易，做成事业太难；行业门槛不高，但想赚到钱，就得有与众不同之处，比如说进货渠道、审美眼光、对目标顾客群的了解等。当然了，还得有解决库存的方法。

4

压货一定要打折吗?

内蒙古赤峰市李小姐的店铺在商业街一栋商贸楼的三楼，整层楼全是卖童装的。这条商业街有两栋百货大楼、一所学校、两家医院，人流量不错。尤其是学校和医院，对童装的销售起到了很大的拉动作用。但整条商业街，有几百家店铺卖服装，每个季度都有开张的、转让的、关门的，大部分店铺在赔钱，但还是有不少人前仆后继地进来。李小姐还好，做了几年，一直都是赢利的。她的店铺是亲戚的，租金便宜是一个原因，更重要的是她的经营理念有独到之处。

李小姐的店铺，面积90平方米，经营的是童装，长期保持3个品牌，另外再补充一点散货。用她的话说，经营品牌，一是保证货品的质量，回头客看中的是质量；二是保证换货率，减少库存。但是保证质量与降低价格比较矛盾，有些客人的价格承受能力达不到品牌的水平。或者说，孩子成长比较快，衣服、裤子只能穿一年，家长认为不划算。这样就需要进价位低一点的散货了。

李小姐这么精明，当然会想到库存的问题。她一开始就买了收银机，随时掌握销售和库存的情况。压货的促销，她很少选择降价打折的方法。

7月是淡季，本来是清压货的时候，但李小姐采取了大胆的进攻策略，而不是退缩防守。她认为，打折没有效果，因为整条街都在打折。打折对她来说，多卖一件等于多赔一件。她反其道而行之，通过上新货来促进销售，只不过新货上得少些。

李小姐全年抓住3个时间点，1月、5月和10月，拼命地上货，通过充足的货品来带动销量。但她上货是有针对性的，而不是盲目的。她坚守“品牌加散货，品牌有换货”的原则。不过，再有针对性，压货也在所难免。李小姐有什么妙招呢?

把压货的销售提成增加，把压货穿到模特身上，让店员多向客户介绍压货。这就是李小姐的妙招。妙招一出，压货的销量很明显地上去了。

李小姐的方法和我们常规降价打折的方法，都是在让利。不过，她把利让给了店员，有效地提高了店员的积极性。另一方面，一般店铺的促销货品，都会给人是尾货的感觉，而李小姐这样操作，常年维持了店面及货品的良好形象。

李小姐坚持这样的操作，当一个版只剩下一件货的时候，才放到特价车上，以断码的名义降价处理。其他最终走不了的压货，全部留到第二年再卖。

李小姐卖的是童装，款式不太容易过时，做成人装的朋友切不可盲目效仿她的做法。还有，李小姐经营的货品，大半是品牌货，小部分是散货，高、中、低档都有，貌似定位不准，没有自己的风格。然而，“大而全”正是她与众不同的定位和风格，这是基于她的店铺有一定人流量的独特的销售方式，其他人切不可盲目照搬。

在周边店铺一片打折声中，能坚守不打折的店铺，是要有实力来支持的。如果没有实力支持，即使跟着别人打折，效果也比不上别人。

压货不打折的做法很正常。像个别店铺，不但不打折，反而大幅度地提高价格，把压货卖出去。我有过亲身体会，一些女装货品，88元卖不动，降价到48元、38元更卖不动，把价钱一下子提到168元，不出几天，就销售一空。这种做法抓住了一些顾客“便宜没好货，好货不便宜”的消费心理，货品较多、人流量大的店铺，常会采用这种做法。

5 如何处理压货打折和稳定价格的矛盾?

关于压货的处理，可谓仁者见仁，智者见智。

批零兼营的邢小姐说：“无论卖哪种货，在营销、库存和售后方面，我相信大家都或多或少地受到过困扰，很多人会因为没把这些问题处理好，黯然退出服装行业。做服装生意最头疼的恐怕是压货，货卖得好肯定要大批量地备货。我曾经一个爆版卖出三四千件，到最后压了两三百件，这些事都很正常。我觉得最好不要抱着明年拿出来卖也是一样的心理，该收手时就收手。因为这剩下的几百件衣服是几千件衣服的纯利润，卖掉了就全是赚的钱，再拿着钱去上货也是赚钱，就是放在银行也还有利息，丢到仓库去有什么用呢？明年有明年的情况，市场千变万化，我相信明年有更好的版在等着我。”

像邢小姐这样的人，我称之为“套现派”。有一些人，我称之为“稳赚派”，他们卖的每一款货，都要求不能低于成本价销售出去。“稳赚派”的客户类型较为丰富，互补性较强，有的还有固定的地摊合作客户。

某些品牌公司，在换季前一个月开始，视存货情况进行清货，清货的原则是先清副款，后清主款。

有些主款，全年的款式都一样，夏季、秋季和冬季的区别仅仅在于袖子的长短、面料的厚薄，以及加棉与不加棉等。这些主款，是赚钱货品，下季仍然补货，缺货会影响到销售及品牌形象。如果资金允许，所有的压货留到第二年卖，不清货。

若是潮流款，如果资金允许，只在成本价以上推广。价格太低，代表货品价格浮动太大，会直接影响客人的信心。

至于副款，都是绝版的货，过时不好销售，款式杂乱不好管理，无论资金允许与否，都必须在换季前尽量清货，低于成本也要清了。用邢小姐的话说，回收资金，采购更畅销的货品来卖。

由此可见，压货打折和不打折销售，清不清货，没有绝对的说法，得根据各个店铺及货品的实际情况，制订具体的操作方法。

山东摆地摊的李大姐，对压货，她不是不打折，只是不就地打折，换别的地方打折而已。地摊是小本生意，各个细节都要特别注意，尤其是价格方面。因为光顾地摊的客户，大多数对货品的价格较为敏感。

李大姐从4月底开始上短袖衣服，虽然卖得不错，但周边的服装地摊大部分也卖短袖，所以大家都卖不出好价钱。于是，她第二批进了雪纺料的裙子。进货是13元的裙子，第一天卖25元，才走两三件。她误以为是自己的进货眼光有问题，第二天赶紧调到19元，没想到，三四天就走完了几十件货。

“第一天可能是大家都没注意。第二天以后，量上去了，但又不能提价，”大姐说，“雪纺好卖，一直在进货，但降价了再也不能提价。要赚钱，只有从其他货品里面赚了。”

还好，25元的价格只卖了一天，没有多少顾客知道。雪纺裙这件事影响到的只是李大姐暂时的利润，而不是顾客对李大姐的印象。

摆地摊的人很多，李大姐的生意之所以比别人好，就是因为货好，价格便宜，实惠，回头客特别多。“货好，价格便宜，实惠”，这样的顾客印象，万万不能打破。因此，对于全部的库存，李大姐都不会就地打折处理。

钱赚多赚少永远是卖家的秘密，千万不能让顾客发觉卖家赚得很多。李大姐认为，即使是亏本卖，顾客也会认定你是有利润的。因为是库存尾货，大家对进货价不清楚，顾客只会推想之前的价格赚了他们很多的钱，心里会不平衡。卖家只有坚持不出现降价的货品，时间一长，顾客才会慢慢地认同卖家的价格是公道的。

或许大家会有疑问，尤其是摆过地摊的朋友，摆地摊不讲价，成交率会下降很多。那么，李大姐是如何处理讲价与不降价之间的矛盾呢？

所有货品，李大姐都把初始报价定在尾数8或9，比如58元、69元等。购买衣服的顾客，十有八九会砍价。第一步，李大姐全部统一为9折。如果客户再砍价，第二步，李大姐就把尾数砍掉。砍尾数的原则是，以0和5为整数，尾数在1～4按尾数为0收钱，尾数在6～9按尾数为5收钱。

连续降两次价，顾客心里也舒服多了。如果有顾客继续讲价的，对不起，这生意不做了。要做长久生意必须守住这道防线，一旦失手，得到的是一单生意，失去的却是一部分熟客。

顾客与李大姐讨价还价，有一个“冰棍”的故事。

一个顾客看中一件59元的羊毛衫。顾客第一次提出便宜点，李大姐不答应。顾客第二次提出便宜点，李大姐说实在想要，9折卖，53.1元，53元卖了。顾客第三次要求再便宜点，李大姐说，你要是差那3块钱，就50元卖。顾客得寸进尺，提出48元的价位。李大姐说，不卖。接着，李大姐说，这件衣服最便宜50元，低一分钱都不卖。你要实在是缺这2元钱，衣服你不买，我请你到对面吃冰棍得了。

李大姐坚守价格的态度非常明确。她的压货，不会低于最低的报价来销售。实在是卖不动了，就打包，明年换一个点去卖。

6

为什么控制好进货就能预防压货？

几个月之前，我在QQ群里跟大家聊天。有一位朋友说了这么一个情况，在东北有一个市级代理商，有1万套西服的库存。西服平均进价800元，共800万元。他问我，这批库存该如何处理。

前几年，中档西服的南方市场在萎缩，但北方市场还有较好的销量。这位代理商可能是为了把市场做大，订货时大胆下单。几年下来，压了那么多货，既正常又不正常。说正常，是因为过量生产，供大于求，库存积压是服装行业很普遍的事，大代理商积压数千万元的货也不奇怪。说不正常，是因为不合理的商业模式和经营管理模式，才造成了这样的结果。

当时，我们没有讨论商业模式，谈的是800万元的库存如何处理。

想一次性吃下这批货的人肯定有，估计出价会远远低于代理商的心理承受能力。如果把800元的西服按200元一套处理掉，那就免谈了。处理库存，也是要讲究利益最大化的。代理商肯定是想通过身边的人，包括群里的这位网友，将库存消息散布出去，以小批量的方式，高价把西服处理掉。但小批量走货，操作复杂，也未必能卖个好价钱。

传统的西服，虽然多少年来没有什么变化，但要是再过几年，当地人们的消费观念发生变化，不再喜欢穿西服，那时候压在手里的货就全变成垃圾了。

我有过西服压货五六百套的经历。我做的是两三百元一套的低端散货，压货多，我第二年就不进这样的货，销售时也只是简单的折扣促销。穿西服的人越来越少，货低于成本价清，清了三年，仍然没有清完。虽然说西服保存得好，压库三四年都没有问题，但是西服的库存很占地方，每年出仓入仓都非常麻烦。

有人说将库存掺入新货卖，这也不是最佳的解决方案。作为代理商，每年都有销售指标。新旧一起卖，旧的库存卖得不多，新的库存还会产生，一年到头，弄来弄去，库存丝毫没有减少。

库存都是杂款，色码不全，把这些西服推销给各机关单位、企事业单位做工作服也不可行。此外还有网上开店销售、异地特价倾销，甚至到大学校园促销等办法。办法可以想很多，但是否可行还得看实践。这位代理商，我们没有接触过。这次讨论过后，也没有再听到过他的消息了。

当然，并不是所有的问题都有很好的解决办法，有时候需要妥协，妥协一小步不行，还要妥协一大步。因为经营上的错误，才有这么多的库存。错误如果没有代价，很多人都敢犯错。

我们与其探讨如何处理压货，不如探讨防止压货的方法更有意义。控制好进货是预防压货最好的方法。

湖北潜江的吕先生，6月接手他的店，带货一起接。店铺经营的是一个广东品牌的裤子，在湖北其他地方都卖得不错。但他头一个月的生意不太理想，只有男裤走得好些，女裤几乎没怎么卖，压了不少货。品牌订货会的时间快到了，吕先生觉得订货制的产品很难把握，尤其是女裤，订多了怕压更多的货，订少了怕不够卖。

吕先生的售中、售后服务都不错，所以在淡季里，男裤还是好走。女裤即使在旺季也不好走，要不然就没那么多的库存了。女裤对版型的要求比男裤更为复杂一些，女裤的生意较男裤难做。正因为如此，女裤的生意一旦做开，顾客的忠诚度就高。如果说放弃女裤，那很简单，把压货清掉，以后不再订货了。现在的问题是，他还想继续卖女裤。

薄料的裤子能卖到8月底，还有一个多月的时间。所有的女裤都可以清货，断码的要清狠一点，低于成本价也得清，顺便做些广告，拉些客人。在订货会之前清货有效果的话，订货的时候可以适当多订一点，反之，则要少订一点。如果整个冬季都没有销量，那也只能把女裤停掉，专卖男装。

吕先生的经营方向和压货问题可以通过订货采购来调节。而开小姐有一个系列的货通过差异化的采购，也保证了无压货之忧。

做二批的开小姐，2009年夏天卖运动装，进价18元，一开始没人跟货，批25元走了几千套。后期批发23元也卖得很好。她那个小批发市场，去广州进货的人不多。如果是杭州货，跟同行撞款，加三四元都很难卖。运动装到了淡季有人跟货，这时开小姐剩下的两三百套平本出手。整个市场有三四个档口卖这样的运动装，零售店会逐一比价。其他档口看来只有压货的份儿了。

了解顾客的消费习惯和大众的潮流走向，把握好进货的款式和数量，是预防压货最好的办法，这对品牌的加盟商，以及大路货和外贸货的经销商都适用。

了解顾客的消费习惯，把握好进货的款式和数量很重要。比如婴儿的衣服，妈妈一般会选择前面按扣的款式，可是外贸货很多是背后按扣的，那么这款衣服拿回来一定很难销售。还有外贸货没有开裆裤之类的，如果在乡下开童装店，进了这样的外贸裤子，就只有压货的份儿了。

小孩的衣服，特别是婴幼儿和小童的，父母非常注重安全性和便利性。有钉珠等装饰的衣服，看似漂亮，但父母都不喜欢，担心钉珠和装饰品被小孩扯下来吃掉。有些款式很漂亮，搭配起来非常时尚，但是小孩的自理能力不足，太过花哨、搭配烦琐的款式往往是看的人多，买的人少。我们在选版时不留意这些，都会造成压货。

再总结几点控制进货、预防压货的方法，供大家参考。

1．少量多次进货，旺季时刻保证货源充足，货架丰满。

2．款式与颜色、码数搭配采购。不同的款式上不同的颜色和码，好销的色和码多上些。码数一般中间多两头少，但具体情况视地域而定，如北方一带一般需求大码、加大码，甚至更大的码，而四川地区是小码的需求量大。

3．要跟供应商确认换码换色换版。

4．进货时考虑并控制好品种、风格，价位要相对集中，既不要太单一，也不要搞得太杂。

5．初期的版多一点，然后慢慢集中到好销的货品上。旺季顶峰之后，放慢进货节奏，以少量、平价、新版等带动销量。

6．按季节规律和天气情况进货。天气转热的时间比较稳定，但天气转冷的时间则不稳定，而且冷的程度相差很大。

7．销售量大、条件允许的卖家，派人长驻一级批发市场，卖多少补多少，或客人需要什么上什么。

8．与买手合作，选择买手在款色和价格上都有优势的货品。

9．利用微信工具看款、选款、下单。

10．利用淘宝七天无理由退货的规则，采购少量货品，几天内卖不掉的就退货。既降低了库存，又保持了货品更新。

7

服装店铺是否应该零库存?

有人认为，店铺的库存趋向于零最好，对所有的压货，抱着必清的态度，只要能清完，能收回现金，多低的价钱都能接受。这种观点，比较适合批发的、展会的和品牌加盟的商家。

做展会的商家，一个地方做上半个月左右，像走江湖一样。他们的货品进价低，再为压货打包、运输、仓储等付出很大的成本，相当不划算。他们只做一个冬季，赚的是全年的钱，压货的钱对他们来说并没有多少，因此有的甚至将压货以垃圾一样的价格处理掉。

做时尚服饰，客户优质、利润空间大、盈利丰厚的店铺，既可以选择零库存，也可以保留一定的库存；既可以选择清货，也可选择不清货，怎么处理都比较从容。因为盈利丰厚，就不必考虑用库存来换钱，免费送人都可以。来年换季，一次性上新货，价格贵点就贵点，但也能卖出好价钱，客户喜欢就行，反正他们舍得掏钱。

做卖场和店铺，是否有零库存的必要呢？先从上货说起。服装的上货，可以根据市场、货品、季节和天气的变化，控制好节奏。但再怎么控制，目前很多店铺还不能做到销多少进多少。如果为了控制库存而限制备货，有些因噎废食，绝不可取。做服装生意，要先把货备足，才能把旺季做起来，赚更多的钱。有了更多的钱，才能从容应对库存和淡季。

一句话，“断货比压货更可怕”。我们看广州石井的锦东市场，以做杭派品牌折扣闻名。这么大的市场，得有多少杭派的品牌折扣啊？很多品牌是订货制的，但他们还是会将产品多做15%左右，假如订货2亿元，做货就是2.3

亿元左右，以备换货和补货用。如果一个公司的销售目标是1亿元，那得备1.15亿元左右的货品才有可能完成目标，因为不可能做到将货品100%销售出去。也就是说，适当的库存是一些品牌公司业绩的基础，这也是在他们的可控范围之内。这是传统模式的做法，我用比较简单的数据通俗地说明。

货备足了，可以吸引更多的顾客，成交率更高，长期坚持，就能积累人气，一直给人以旺店的感觉。经常断货和缺货，成交率大幅减少，顾客流失很快，店铺就会越做越死。不少店铺，一年中大部分时间生意惨淡，平时就是把店铺和人工养起来，要赚钱就靠几次销售高峰。一旦备货不及时，或备货不足，销售高峰都靠不上，一年下来就白忙了。

2009年11月中旬，深圳一夜之间从“夏天”变成冬天。之前因为天气热，很多人不敢上太多冬装。深圳某女装品牌，在一个镇有四个专柜，其中一个专柜才做半年，是新手。降温的第一天，另外三个专柜当天就到品牌公司，各进了近千件往年的库存旧款棉衣。

该品牌的新货是4.5折拿货，折扣高，卖价也高，毛利率没有多少，又走不起量。库存旧款，才1.5折拿货。他们拿货回去后，以两倍的价格狂清，短短一周的时间内，每个专柜仅此一项，就狂收四五万元的利润。而那位新手，不懂行情，没有去公司进货，也就没得赚了。

现实中有很多这样的情况，备货越多，压货越多，搞得店主们都怕上货了。有新货也没生意，没有新货更没生意，造成恶性循环。

做生意得很小心，所以，有些话我必须重复：备足货跟“宁缺货，不压货”的理念并不是对立的，能否处理好，就得看经营者审时度势的技巧了。备货也要看目标消费群体、市场容量和货品优势等。

我做大路货二批的时候，经营过一个连衣短裙品牌。季前，上家为了预防货不好走，备了近40个样板，并都上了广告书（也叫“画册”）。等部分货品投入市场后反响不错，上家就集中做十几个版，其他版只做少量，有几个版甚至不做。

我在上家窜货的情况下，仍然取得了可观的销售业绩，其中销量超过500件的版就有5个。这个品牌，我每周上货1～2次，保证足够的货品供应。该品牌最终的压货率只有5%。按我的下单量来算，仅夏装和秋装，就有20万元的货没有供上，至少损失了25万元的营业额。

拿大卖场打个比方。8月，我们把夏装一件不留地清完了，货架全空了。那么，接下来两个月，我们该怎么办？上秋装。秋装不好卖，不能上得太多，但也不能上得太少。货架不丰满可以，但也不能只摆几件衣服那么难看。可是一旦上多了，又陡然增加了当季清货的压力。

秋装上货太早，很多货是批发商往年的旧货。这就变成我们低于成本价清走的货，第二年得花成本价买回来。

冬季是赚钱的好时机，货要备足。如果上货太早，也一样会上到很多往年的旧货。但等新货都出来再去上货，恐怕冬装的第一桶金就挖不到了。新货的价钱都高，店铺搞促销活动的货品全是新货的话，估计损失不轻。

如果去年有适量的秋冬装库存，那么，当夏装清完或下架了，我们就可以把库存货全部上架。这样就不必急于掏钱去上旧货了。等市场上的新货出来了，再陆续进一些新货补充，直至全面铺上新货。不要怀疑消费者的眼光，新货只要上对了，绝对比旧货好卖，新货才是要利润的主力。

有的店铺，当年的夏装有些库存，去年的秋装有些库存，这样凑合着摆在货架上，货架也丰满。等到秋装全面上市，就上些新货，再把夏装全部下架。接着再陆续上些冬装的库存和新款。这样过渡较为平稳，可以为冬装做足准备工作。

前期备货是为了赚钱着想，后期补货是为库存着想。全年进货节奏的控制，是为了平衡备货与库存之间的关系，主要根据季节和天气的变化来进行。销售是进货之后才发生的事情。货品的销售情况出来了，我们只是知道了要补什么货，但具体补什么、补多少，还是得根据季节和天气的变化进行。

各地的季节变换和天气都不相同，具体进货节奏的控制也不相同。

年后冬装销售全面进入淡季，这时候，春装的库存得全部拿出来卖了。冬装在货架逗留的时间不宜超过3月。其间可以上些春装新款和夏装库存。“五一”之前，夏装全面上市，春装全部下架。

“五一”前，夏装要备足货。备货不是乱上货，要有针对性。后期就是补货和调整。补好卖的货及适当上些新货，不好卖的货就采取促销措施。到了7月、8月淡季，补货的量尽可能减少，适当上些特价货和尾货当新版卖。

全场清货容易把店铺名声做坏，每次活动之后的几天内生意更差。长期清货，顾客又会失去新鲜感。这时，往年的库存可以发挥作用了。我们不必全场清货，要清就清库存货、尾货和特价货。我们也不必长期清货，适时加大力度促销库存货、尾货和特价货，既可以打"回馈顾客"的牌子，吸引眼球，提高人气，又不会把店铺做坏。而其他新货，在促销期间，折扣点到为止就行了。

到了9月，秋装货足的话，全面上秋装，库存和新货搭配。秋装货不足，就和夏装一起卖。但夏装在国庆前后要彻底下架，然后全面进入秋冬装的销售，以冬装为主。因为冬装一压货，全年的努力都会功亏一篑，所以为了安全起见，需要观望。但观望归观望，天气降温之前，一定要备一些冬装，有往年的库存，再加一点新货最好。

冬天的天气变化很大，大胆的人在入冬前一段时间备大量的货，谨慎一点的人就根据天气节奏多次少量上货。冬装销售的旺季，从第一次降温开始到春节结束，其间每冷一次就是一次销售高峰。要是不冷，生意就会很差。但元旦和春节那几天时间即使不冷，也会有一定的生意。

当然，以上说的是一般化的操作，没有考虑到各地的差异。一般化的操作，并非人人能做到，也并非人人需要这样做，仅供参考。

进货的节奏控制好了，最后还是有可能出现超过正常水平的压货。因为我们在经营当中，经常会碰到一些意料之外的事情，比如，上了一批新货、碰上一个多月的大雨天气、过年前受到展会的冲击等。

有一位朋友，在商场里面卖服装。商场里有一层是专卖服装的，以大路货居多。元旦前，他备足了从元旦做到过年的货。想不到的是，元旦前后几天，商场把门前的位置租给了两个全国有名的休闲服饰品牌清货。他们处理的是杂款、断码和有瑕疵的库存货，一律3折。顾客才不计较是不是库存货，看到那么便宜的品牌货，就疯狂地抢。而商场里面的店铺，那几天，几乎是集体不开张。元旦后，老天爷也不帮忙，眼看春节一天天地近了，货一点也没有动。这位朋友想着要提前清货促销了。

赚钱锦囊

清货促销，是大部分店铺不能避免的事情。操作清货，要尽可能地做到“减损失，争效益”。

1．适度特卖。可以掌握好节奏，在适当的时候做些适当的特卖活动，比如，优惠券、限时抢购、节假日促销等。这样的方法不太会损害店铺的信誉、形象。

2．寻找特殊的销售渠道。如团购、网店销售、异地销售、地摊销售等。

3．视货品款式情况清货。滞销款狠清，流行款、时装款力度大一点，而且价格最好是一次到最低位，避免昨天98元、今天78元、明天48元的情况出现。

4．视货品系列清货。女装狠清，男装适度，保暖内衣等货品可以不急。

5．视货品品质清货。大路货品质不高，容易脱色变色、印花粘连、出现色差叠痕、配件损坏等，能清就清。

6．视资金和赢利情况清货。资金和赢利情况良好，不清都可以。

| 第七章 |

服装小店也能做成大事业

1

女装店想增加新的利润点，如何选择货品来搭配？

成都的邓先生经营一家品牌折扣店，卖的是外贸女装。他想开新店，但不知道是卖童装好还是继续卖女装好。如果新店开不成，便在现在这个店增加其他货品来卖，可也是不知道童装、手袋和鞋子该选哪一个好。

邓先生在开店之初，先通过网上订购一些样板，如认为很好，就实地考察，然后跟供应商建立起合作关系。进货量少时由供应商代发，量大时现场看货提货，有质量问题的货可以退换。由于货源渠道较为通畅，店铺往年都能赚十几万元。最近生意不好做，他就想通过开新店来增加收入。

新店还没有找好，邓先生的经营又发生了变化。他80%的顾客都在附近一个大型国企上班，单位规定上班必须穿工作服。顾客的购买欲望降低，说买了新衣服都没有时间穿。邓先生店铺的销量直线下降。

考虑到来店里买衣服的大部分是三十多岁的女士，正好可以帮小孩选些童装，他想在店里腾出一块地方，试着上些童装来卖。同时他也看到附近几家童装店都倒闭了，因此手袋和鞋子也在他的考虑范围之内。但邓先生认为鞋子每天都在穿，容易坏，维护麻烦。

针对邓先生的情况，我觉得鞋子和手袋可以卖，童装不能卖。附近几家童装店都倒闭了，说明童装在这个商圈没有市场。顾客要买童装，就去专业的童装店，人家货品那么全，生意都做不下去。邓先生就一小块地方，外面的人都不知道里面有童装卖，进去的人也没有买童装的意向，童装的货品又那么少，想想看，成交的概率能有多大？

女装配童装，不叫搭配，叫乱配。孕妇装跟婴童装、婴童装跟奶粉等婴童用品在一起卖，才叫搭配。当然，女装跟手袋、鞋子在一起卖也叫搭配。这些货品的消费群体定位可以做到完全一致。邓先生一直卖的是女装，顾客群是稳定的，关键是如何开拓这个群体的货源。除了手袋、鞋子，冬天到了，还可以搭配些围巾、帽子来卖。

鞋子容易损坏是事实，但是，大型商场也好，个人店铺也好，女装跟鞋子搭配在一起卖的非常多，人家都不怕麻烦，你怕什么？消费者看到有好的衣服可以找一双鞋子来配，看到有好的鞋子可以找衣服来配，互相促进。另外，顾客上门修鞋，还可以拉近关系。

邓先生先上了手袋，顾客反映不错。接下来，他除了准备上鞋子之外，还找铺面准备开新店。

邓先生十分想在新店卖童装，想多探一条生意的路出来。我跟邓先生说，新店卖童装风险太大，做女装还有些优势。做生意只有不亏，才能立得住脚；能赚钱了，才谈得上发展。

新店做童装，要是不好卖，尾货都不知道怎么清才好。再说，童装的货源又得另觅途径。卖女装的话，只不过是在原来的渠道上多进一些货，在经营过程中还可以互相调货。新店开不下去，把货拿回来卖就行了。

邓先生的新店在9月底开张，在一个新的社区里，卖的仍然是品牌折扣女装。11月，听他说新店熟客不多，要慢慢培养，通过两个店铺之间相互调货还能维持。他庆幸新店卖的是女装，就目前碰到的问题来看，要是卖童装，不但要亏，而且会亏不少。

2

为什么同样的货，你低价卖不出去，别人高价却卖得好？

郑小姐在一个县级市开了两家服装店。第一家店所处的街道是以前的商业旺区，有很多服装店，自从市里建了步行街之后，这里就冷清了很多。这家店的产权属于郑小姐，有30平方米，年初以来一直空置着，郑小姐觉得可惜，租出去也没有多少收入，想自己利用起来做点生意。刚好，她打听到库存尾货的进货渠道，觉得投资不大，就做了起来。

第二家店在菜市场那条街的街口，店铺后面还有一所小学，人流量非常大，尤其是放学之前，很多家长会在店铺选购衣服。店铺原来是郑小姐家里人经营的小型超市，由于竞争太大，没什么钱赚，又看到第一家服装店做得还可以，所以就转型卖衣服了。

两家店的投资加起来还不到5万元。第一家店不用租金，第二家店300平方米，月租金才1200元。

郑小姐多年前就有一个服装梦。结婚生了宝宝之后，在家没事做，就重新拾起自己的服装梦，在网上做代理，帮别人卖衣服。后来，发现网上的衣服很便宜，就想自己进点货，放到闲置的店铺卖。她在阿里巴巴一搜，搜出很多库存尾货的进货渠道。于是选择了一个东莞的供应商，第一次就进了500件毛衣，一共不到4000元。

收到货后，郑小姐还是有惊喜的，虽然货品的质量不是很好，但也不算太差。全部货品只有50件有瑕疵，不能卖。郑小姐那里还没有卖这些衣服的店铺，她全场卖20元，吸引力还是挺大的。卖了半个月，销售情况非常理想。

10月，汕尾严厉打击洋垃圾，电视、报纸、网站等都有宣传报道。这些报道给了郑小姐的店铺致命打击，很多顾客说郑小姐的衣服是洋垃圾。郑小姐也不好辩解太多，怕越描越黑。说实在话，她自己都有些担心是洋垃圾。

后来，她不敢依赖网络了，亲自去广州、东莞、中山等地选货。由于进货成本高了，货品就分成20元、30元、40元、50元等几个价位来卖。

郑小姐的店铺装修比较简单整洁，她不希望把店弄成其他清货的大卖场那样，挂满“清仓”“跳楼”等大字，像打败仗一样，而是希望能让客人在舒适的环境里选购最实惠的衣服。她不打算卖大路货，只希望卖最实惠的衣服。

虽然如此，“洋垃圾”事件还是影响到她的库存尾货生意。最终，希望在现实面前低下了头。她不卖库存尾货了，两家店都改卖大路货。

12月，由于长时间天气不冷，大部分服装店的生意不旺。别的店熬不住了，纷纷开始清货。有一个系列的羊毛衫，郑小姐的进货价是25 ~ 29元，有一家店全部29元清货。郑小姐进有300件货，一件都卖不了。还有，郑小姐进了不少女装的风衣、外套等，一百多元的进价，卖两百多元，也卖不了多少。而其他精品店里这样的货，卖五六百元都有不少人买。

“价格提不上去，利润太少，为什么同样的款式，在自己的店低价都卖不出去，但是到了别人的店，却可以卖几倍的价钱？”这是很多经营者的疑问。这跟店面位置、装修、定位、搭配等都有关系。

在郑小姐这里，应该与她的店铺定位和装修有关。店铺的货品由库存尾货升级到大路货，而装修却没有动。另外，人家店铺卖的衣服应该都是五六百元价位的货品，而郑小姐的店铺，卖的却是几十元到两百多元的货品。顾客进她的店想买几十元的东西，对两百多元的货品会敬而远之；想买较高档次衣服的顾客，看到满店都是低档货，也很难产生“来电”的感觉。

“元旦开始清货，把全部大路货清完。把大店关掉一段时间，保留小店，年后改成精品店。”郑小姐说。

两个店铺，一个是自己的，一个是租金特别便宜，投入又不大，没什么风险和压力，应该有条件做得比别人好。郑小姐认为现在做不好，不是市场的原因，而是定位和经营上的问题。把服装这块蛋糕做大，是她的梦想，不会轻易放弃。她现在不叫放弃，而是以退为进。

3

B2B的春天来了，网批品牌的春天在哪里?

铛铛熊制衣厂的赵建丰，做童装实体批发十几年了，2012年决定放弃实体批发，从杭州来到湖州织里，全身心投入网批。他针对一些网商想做童装品牌的现象，发表了看法。

虽然我也建议织里童装商盟成员品牌化、差异化，不要同质化，不要恶性价格战，引导大家抱团良性发展，但我发现现在的品牌化是一句时尚的口头禅，就像很多人说企业文化一样，说起来头头是道，基本都是纯理论，细究起来根本经不起推敲。我们很多童装加工作坊就是夫妻两个人，加一个打杂的员工，谈什么企业文化?

按照我个人标准来看，目前某B2B网站上面没有真正的童装品牌，真正的线下品牌不愿意到B2B网站上做批发直销。

想在B2B网站上做真正的品牌童装，会遇到几个痛点：

1. 公开价格的弊端。传统的线下品牌如果到B2B网站上做批发，公开批发价，那线下的加盟店、连锁店老板不同意了。所有顾客都到B2B网站上搜索查看这个品牌的批发价，他们的生存空间就都没有了。

虽然批发有起批数量限制，但是顾客知道了真正的批发价，肯定影响线下零售价格。一般的品牌出厂价在4折左右，加盟店8折、9折销售，也有一半的差价。

如果不公开批发价格，对价格保密，或者有条件的开放查看价格，那又限制了很多新顾客下单的机会，也失去了上B2B网站做批发的意义。

这就是为什么很多真正的线下品牌在B2B网站上开店仅是昙花一现，一段时间之后就放弃了B2B，重新回到线下或者转到天猫零售。

2. 区域保护。真正的品牌一般都有区域保护，但是在网店上架的商品，只要顾客拍下，厂家只能发货，没办法控制货品流向。

3. 爆款的保密性。传统厂家有些爆款会保密生产，关起门来生产几个月，打包发货给老顾客，其他同行也不知道到底是什么爆款，一年销售了多少数量。但是在网店，这几乎是透明的。同行到了你的旺铺，对你有几个爆款，每个爆款销售了多少数量，爆款的尺寸、图案、面料，以及衣服的成本都一清二楚。

4. 被同行模仿。你的爆款，同行换个地址拍下一手，马上照样画葫芦，3天后出来一模一样的童装，价格比你低很多。1个同行抄版不要紧，100个同行跟风呢？结果可想而知。辛苦打造的爆款，3天就变成烂大街的大路货。成为标杆的品牌后，被所有同行围观、模仿、复制，连店铺的招牌色调、文案描述等都雷同了，这种感觉有几人能明白呢？假如品牌的批发价是90元，抄版者的批发价是60元，顾客会选择谁家的下单？碰到慎重的顾客，两家都下单一手看看，发现除了商标不同之外，其他没有明显的差别，他会怎么想？

5. 品牌附加值。我相信童装店主很多时候不认品牌，还是追求性价比。但若只追求性价比，其实就没有多少品牌附加值了。没有品牌的附加值，品牌怎么发展？

赵建丰的观点，句句都是现实中遇到的切切实实的问题，他希望能够起到抛砖引玉的作用。

2010年12月，我在一次电子商务峰会上做了题为“中小服装企业的新通路——从网批到品牌”的演讲，我的思路是，通过网批，建立渠道，发展自主品牌。我认为，品牌的发展是在渠道（包括货品供应渠道、终端零售店渠道）建立了之后，这与赵建丰的观点并不矛盾。

我将买手分为两种类型：普通买手和组货型买手。组货型买手可以组一盘货给实体店铺，而实体店铺可以选择贴牌，贴自己的牌子、贴买手的牌子都可以。十三行买手孙新红，有意发展自主品牌，就提供了这种服务，给实体店选款组货，除服装之外，还提供包包、鞋子、手表，以及其他配饰，并可以按实体店要求，换成他们的标或孙新红自己的标之后再发货。当然，我们不能把做品牌理解成换标那么简单，换标只是做自主品牌的第一步。

在线下已经发展了十多家连锁店铺的自主品牌，完全可以通过B2B平台或其他互联网工具开展网批业务，同时打造自明星，对终端店铺或整店输出，或系列输出，或散货供应。整店输出，包括贴客户的牌子和贴自己的牌子这两部分业务。其业务内容跟孙新红的一样，都是微品牌的操作手法之一。

自主品牌的道路各有不同，有些路是没有人走过的。网批品牌的春天还有多远，我们拭目以待。

4 从5000元起步到20家店铺，创自主品牌的路还有多远？

方小姐经营肚皮舞服装，她的发展轨迹是，从实体店到网店，舍实体店而取网店。最近，她注册了一个商标，准备运作自己的牌子。

我问她是什么原因使她走到了这一步，她说，自己也没什么远大的理想和抱负，一路走来只是为了赚钱，碰到难走的路就绕开走，慢慢就发展起来了。

方小姐是一位肚皮舞教练，所以选择经营肚皮舞服装。开始经营实体店，由于生意不好，就转做网店。网店做得不错，每个月都有4万元以上的营业额。

肚皮舞服装是一种专业的服装，受众少。实体店铺辐射范围小，方小姐只是凭自己的人脉进行销售。人脉有限，货品款式有限，所以销量也有限。

方小姐舍弃实体店，转做淘宝网店。她开了4个店铺，加起来还比不上一个实体店的投资大。她的货源渠道比实体店增加了很多，面对的也是全国的消费者。

方小姐开始做别人的代理，负责厂家产品在淘宝网上的销售。代理的货品是低档的大路货，只求出货快、周转快、不压货，没有多少利润。做的时间长了，她就将部分业务从代理转为自己进货销售。后来，她又做品牌加盟和下单生产，一步步把供销渠道建立起来，运作自己的牌子也就水到渠成。

方小姐做代理的时候，不会压货，后来自己进货、加盟品牌及下单生产，就产生了压货。肚皮舞服装本来夏季是旺季，但是2009年较为特殊，到了秋季才旺起来。碰到这种情况，压货就更严重了。

网上店铺销售，价格很透明——其实，实体店的价格也是很透明的，很多顾客看了实体店的衣服，会到网上去比较——所以利润空间很有限，一旦出现压货，手头上的现金没有了，生意是赚是亏还得看压货的处理结果。曾经有一段时间，生意很艰难，为了保持好的业绩，方小姐把货降价处理，违反了厂家的规定，被封店一个星期。以后再碰到困难，也只有自己坚持了。

舞蹈服有个特点，就是客人对收货的时间要求准确。因为客人报名参加舞蹈学习班或者有表演任务，才有购买的需求，误了货期对他们来说是天大的事情。就这一点来说，方小姐的各种操作模式，都很难迎合市场的要求。

经历了代理、散货、品牌加盟、下单加工等，各种模式都有一定局限性，比如说供货不及时、库存难以掌握、款式没有针对性、产品附加值低、经营没有主动权等，方小姐索性就自己注册商标。

肚皮舞服装，出新款要快，也极容易被模仿，所以一直要出新款，这是最重要的。另外，还要把好质量关，做出自己的风格。方小姐是专业人士，又从事肚皮舞服装经销工作多年，她相信，凭自己的经验和眼光，在款式的把握上要比别人做得好。基于对市场的敏感触觉，在生产备货方面，她能有针对性地保证看好的款式及时供货，经营上较为主动。

打造品牌的附加值、建立自己的销售渠道、生意上取得更大的发展空间等，是经营自主品牌的重要目的。在牌子还没有知名度的情况下，档次与价格的定位，还有推广、售后服务等，方小姐都要劳心劳力，全情投入。

肚皮舞服装的市场集中在健身房、瑜伽馆、肚皮舞俱乐部等地，厂商都盯着。前段时间，方小姐在忙于寻找代工厂的同时，不忘销售渠道的建设。她提前起草好代理协议，寻找网上代理店铺，等春节后产品出来了，马上就可以运作。

自己打造品牌，比简单的供销烦琐得多，方小姐相信这些通过努力是可以做好的。她说，这一路的经营都是从压力中走过来的，压力越大，肚皮舞服装这块蛋糕就做得越大。

“只要心存信念，就一定可以”，是余银英的座右铭，也是她的自主品牌sevendoor的宣传语和公司的文化理念之一。余银英从零开始，打拼12年，到现在拥有10家直营店、10家加盟店。虽然她的经历没有一夜之间店铺遍地开花般传奇，却能很真实地告诉数以百万的草根店主，自主品牌的路有多远。2014年7月26日，余银英在服装创业商学院的同学群里分享她的经历。

2002年夏天，我20岁，源于很简单、很朴素的想法：开店仅是为了满足自己的爱美之心，身无分文的我四处借钱，好不容易凑够了5000元，准备开店。可是看中的店，转让费都要几千元。有朋友提出合伙，但我总觉得合伙的生意不长久，于是我提出来合租不合店。

我和朋友一起租下一个店面，中间用隔板分开，外面的店名招牌是一起的，里面实际上是两个店铺。我的那一半卖服装，朋友的另一半卖饰品，这种方式及设计吸引了很多人的眼光。开业第一天，我做了7000元的营业额，净赚3000多元。

才5平方米的空间，不到一个月的时间赚回了5000元的本钱，还赚到7万元左右的纯利润。两个月后，开了第二家店，面积30平方米，投资5万元左右。2003年3月，第三家店开业。

做了3家店后，我想去做二批。因为开始跑量了，想更迅速地占有市场。二批天天上很多新款，对自己零售店的经营很有帮助。零售店对二批的帮助也很大，二批不好卖的款式全部由零售店清掉。

但是到了第二年，我放弃了二批。我们二批档口的装修以及陈列在整个市场都是做得最好的，但我引以为傲的陈列搭配在二批市场上根本没有半点作用。二批讲究的是款式以及价位，每天都在拼价格。因此我选择放弃自己不擅长的东西，做自己最擅长的事情，并发挥到极致。我把全部的精力都投入到开自己的直营店上去，2007年发展到了6家，并且注册了自己的品牌——sevendoor。

2008年，第一家加盟店开业。这是一次偶然，我的朋友很喜欢sevendoor的风格，她很直接地说，要不你就弄个加盟吧，我来加盟，你可以收费用。她的一句话，让我开始很认真地去考虑这件事情。

最终我决定做加盟。我在7家直营店的店招上加上了加盟热线电话；马上更新购物袋，也印上了加盟热线电话；印了5万张加盟宣传单，放在收银台，并放进每个有购买的客户的购物袋。

每个加盟店的选址我都会参与其中。我们会有人员蹲点3个小时，做人流统计，了解年龄、消费水平。装修全部由我手工画图设计。Sevendoor全部的店铺，大至店招，小至试衣间，每一处都必经我手。在画装修设计手稿图的时候，我都会把自己当成顾客，去感受店里的每一个细节。我最大的卖点在于我的产品和陈列搭配，就算在电商的巨大冲击下，我仍然信心满满。经营方面，我会一对一进行指导、培训、跟进。

研发设计这块的开支不小，很多人告诉我，不要把精力放在这一块上，这涉及另外一个领域。我第一次到中大市场，被眼前那些时尚的面辅料所吸引。逛了整整8个小时，背着一大袋色卡回到酒店。那一晚，我整夜都没有睡觉，而是对着那近百张色卡做记录：这个我要做什么，那个我要做什么……我对着简单的雪纺面料，联想出很多很多的款式，甚至联想到怎么去卖。

我开始了自主研发之路。虽然那时已有17家店，但自己做货还是遇到很多问题，做太多怕压货，做太少没有工厂愿意做，或者加工费太贵。选定了加工厂之后，就着手组建设计工作室，招聘设计师、打版师、样衣师等。我对这一切完全陌生，记得第一次面试设计师的时候，我很紧张，都不知道怎么去问、怎么去谈。

最初看设计师的图稿，觉得很好玩，他们出什么我们就做什么。第一个月请了5个设计师，第二个月财务部的利润表显示，工作室人工开支属不正常状态。尽管如此，工作室还是创造了利润，让我看到了希望。我们一直坚持这么做，到了2013年下半年，自主研发的产品的销售量占到50%。

Sevendoor接下来要做的事情是主题和系列化。现在的加盟模式已经做了一定的调整，会更加柔性地做整店输出、系列输出，以及散货供应。

5 门外汉如何在3年内从1家店发展到5家店?

开家网店、摆个地摊，做一两个月，亏个几千元就不做了；开家临街店或搞一个卖场，六七个月亏上几万、十几万……门外汉卖服装惨败的例子太多了。但门外汉卖服装获得成功的，也不乏其人，广州的关先生就是其中一个。他作为一个门外汉，从3年前的1个店铺发展到现在的5个店铺。

关先生的5个临街店铺，面积均在30~50平方米，分别在广州市番禺区和佛山市顺德区。关先生之前从事别的行业，对服装了解不多，之所以选择服装生意，是因为其门槛太低。他以生意人的眼光来看事情，服装生意有那么多人做，什么人都可以做，一定是大有作为的行业。

门外汉做服装生意，要了解的东西太多了，而且了解过后，也不可能像服装老手那么精通。关先生的看法是，服装生意跟其他生意有很多相通的地方，只要抓住其中的关键，基本上就胜券在握。

首先，是清晰和准确的定位。关先生所有店铺的选址，都把路段作为第一考虑因素，非繁华路段不予考虑。选择货品方面，他只经营女装和童装，而且全部是加盟的，其他的一律不涉足。用关先生的话说，为选商场还是临街店铺，选大路货还是品牌，选女装还是男装等问题，若满大街考察、满世界咨询人，那是行外人做行内的事，往往会给自己带来困惑，以致犹豫不决。自己不懂的东西，也很难分辨清楚所咨询的人是否专业，即使他们所说的话是正确的，也不一定适合所有店铺。再说，影响服装生意的因素太多了。

与其这样，还不如认定几个硬道理。谁都不敢说自己认定的东西百分之百能成功，但认定了，成功的概率会比前怕狼后怕虎的做法大很多。

繁华的地段，是做好生意的一个重要因素，就算后面的操作有所不妥，理论上店铺的人流也可以为营业额提供一定的保障。女装和童装，是服装行业内普遍认为最好赚钱的两个货品种类。全部加盟合作的话，就完全避开了外行人选货的弊病。

关先生对服装的时尚流行因素并不敏感，认为服装仅仅是款式上的不同。他选择加盟之前，对货品也没有具体的定位。货品风格和价位档次都是由所加盟的品牌来决定的。但有一点很重要，在选择品牌的时候，关先生特别在意加盟条件是否能保证自己握有主动权。

选择加盟的品牌再好，如果处处受制于加盟条件，对不懂服装的人来说，也有可能连自己是怎么死的都不知道。门外汉，交学费是必然的，但学费要交得值，就得“我的生意我做主”。之所以选择临街商铺，也是一样，他不想受制于商场。

关先生选择品牌，第一要免加盟金，第二要订货制。这两点在手，就能够保证他的主动权了。

当然，关先生的做法并不能说明要加盟金的品牌就不是好品牌，也不代表不要加盟金的品牌就是好品牌，这仅仅是他的个人看法和选择。

订货的时候，关先生也没有与众不同的眼光。他看款而定，个人认为好的就多订一点。在量的控制上，他将店铺的所有成本计算好，加上利润，折扣促销和压货的成本按一定的比例也加进去，以此预估出当季的营业额和订货金额。

打个比方，关先生从4月15日到9月15日经营夏装，共5个月，他要求这期间能赚上5万元的纯利。我们可以这样计算，店铺各项成本开支7.5万元，纯利5万元，加起来是毛利，共12.5万元。按4.5折拿货，折扣和压货的成本为3折，共7.5折，那么，关先生的毛利只有2.5折，即吊牌价的25%。要达到12.5万元的毛利，他订货的吊牌价是50万元，实际订货金额22.5万元。

如果货好卖些，销售折扣不用那么低，压货没有那么多，关先生赚的钱就有可能超过5万元；如果货不太好卖，促销的折扣低些，压货也多些，那么关先生就少赚一些，也有可能只赚些库存，甚至亏钱。

此外，关先生店铺的扩张，绝不搞简单的复制。有些人喜欢以复制的方式扩张店铺，这样可以减少洽谈、签约、采购、结算等麻烦，减轻管理、压货等负担。但这样做，风险很大。一个品牌，能给所有的店铺带来盈利固然是好事，但要是搞得不好，品牌合作方面或货品方面出点问题，就全完了。

关先生认为，所有的鸡蛋不能全盛在一个篮子里，5个店铺，做不同的品牌，是保守和稳妥的做法，这样可以随时保证自己有鸡蛋做蛋糕，并把蛋糕做大。

关先生的生意，并没有过人之处，在库存、营销和售后方面，也有管理不到位的情况；别人有的淡季，他也有；在促销方面，他仅仅是采用减价、打折处理等常规方法；在发展的过程中，他也有过两个失败的店铺。但他目前的生意是成功的，他的服装生意经，有不少值得我们借鉴的地方。

不过，服装生意不可以简单地复制，关先生这样做成功了，并不代表其他门外汉这样做也会成功。

6

在童装市场，如何不让自己的优势给别人赚钱？

· 本地有家给韩国××品牌做加工的作坊，自己注册了一个英文品牌，然后跟单做出一些童装货品，找上门来清货，吊牌价188元的棉衣，齐色齐码，问我们怎么报价。他们不出价。

苏先生经营孕婴童用品实体店两年多，有5个连锁店，卖的都是品牌货。他的货全部从省代拿货，说白了，就是从工厂出来的货，品牌公司赚了一笔，省代赚了一笔，到他这里就没有足够的利润空间了。苏先生调查中发现，常州的消费者较为热衷于库存货，有专门的公司运营收购库存尾货，重新贴牌，以专卖店、专柜的形式销售。

苏先生也十分想做外贸货、库存货，所以他一开头就问我外贸跟单货的事。

苏先生之前做外商投资咨询，经营管理的大道理可谓烂熟于胸。操作孕婴童用品零售是他经过几年的考察才决定的，投资之前，还做了一份商业计划书。从大项目转到服装这一细节比较多的项目，对他来说是一种挑战。

苏先生的店铺分布在各个商业街，最近他又拿下了大型社区里的4个新铺面，发展孕婴童用品连锁的条件非常不错。

不过，他现在做别人的品牌，5个店的平均年营业额50万元，其中奶粉、尿布是10万元，童装和孕妇装是40万元，一年下来，连人工都挣不够，净给品牌公司、代理商、房东和银行打工了。

苏先生认为，开1个可以赢利的店铺，好过开10个没有利润的店铺。他说未来两年不再增加店铺数量，把经营重点放在提升9个店的单店利润上。如何让自己的优势转化为盈利？苏先生考虑过做外贸库存的几种模式：

1. 做外贸跟单货。外贸跟单货是新货，工厂做出来是要赚钱的，而不是清货。吊牌价188元的棉衣，估计工厂出手要到3.5折，即65.8元。但版和价格都掌握在人家手上，较为被动。

2. 整合库存尾货，统一品牌。全国有不少人这样做，卖童装和成人装的都有，做大的投资几千万元，做小的投资一百多万元。库存尾货的成本较低，可以卖到10倍以上的价格。但也不是没有风险，如果吃货时不小心，吃到次品率高的货，成本就会增加不少。而且这样的操作要求货源十分稳定。

3. 直接将店铺做成特卖场，长期清库存尾货，也不贴牌。清货的单品利润低，但量走起来赚钱就多了。

以上三种模式，都有人做，都一样有人赚有人亏，该如何选择，就看自己是怎么想的了。像苏先生也可以不做省代的品牌，直接和品牌公司合作，只要品牌选对了，赚钱既轻松又稳定。当然了，前提是品牌要选对。

苏先生现在做别人的品牌，深知其中没有多大的利润提升空间，他更喜欢有挑战性的工作，就是不断地挖掘单店的赢利能力。我对苏先生说，可以考虑申请一个商标，做自己的品牌。

真的很巧，关于童装自主品牌的运作，跟苏先生交流探讨的同时，还有另外4位朋友关注，他们分别是省代、市代、加工厂和品牌策划人。

这些，说明了童装市场的一个发展趋势。他们5个人，在服装流通链中，角色各不相同，都很有优势。他们共同的想法是，别让自己的优势都用来给别人赚钱了！

就目前来讲，成人装、运动装等都有影响力很大的牌子，而童装，就算是所谓的十大品牌，所占的市场份额还是比较少的，即全国的童装市场还没有独霸天下的品牌，呈诸侯割据之势，且同质化程度高。都说童装是服装市场最后的一块蛋糕，是有道理的。

现在，年轻的父母很舍得给孩子买衣服。童装的品牌趋势也越来越明显，市场的机遇决定未来几年会涌现出一些比较强势的牌子。运作童装品牌，是一种挑战，更是一种机遇。

开童装店选择铺面地段很重要，甚至比选牌子还重要。铺面所在的地方人流少，再好的货没人看见也是白搭，或者有人流，但都不是有购买意向的目标客户，那店早晚要关门。

如果选择经营童装的地方对了，或人流量大，或消费群体集中，或顾客购买目的明确，就算选的货不怎么好，每月也都能保本经营。要选对货，那可是财源滚滚了。像苏先生的店铺，都在商业街和大社区里面，有童装的销售基础和良好的发展前景，优势明显。能运作自己的品牌，那就是锦上添花。

浙江湖州市织里镇，是我国三大童装生产基地之一，离苏先生所在的常州并没有多远。他完全可以利用这个优势，自己找版下单、在市场上采购贴牌、看版下单等几种方式结合进行。

织里的童装，一个作坊一般只做两三个版，每个版要3个色、5个码，共45件即可批发，采购贴牌和看版下单没有太大的压力。自己找版下单，一个版也就一百来件，压力也大不了多少，毕竟有9个店铺作为销量的强大基础。大部分品牌，公司的毛利跟出厂价相当，比如出厂价15元的货品，给加盟商的价钱是30元左右。自己卖的话，不但可以挖掘利润空间，而且降低了成本，市场操作更加灵活主动，竞争力更强。如果起点高，投资一步到位，选择自己下单加工更佳。这样，可以保证面料达标和加工质量，为品牌的发展奠定品质基础。

现在，童装特别注重面料环保。此外，市场上的低档衣服太多，中高档的偏少，所以中档以上的衣服更有市场。一开始运作品牌，跟得上市场发展的要求，更有前景。

自主品牌有两点最重要：一是经营主动权完全掌握在自己手中；二是可以像其他品牌一样，招募加盟代理商，发展扩大。苏先生比较看好自主品牌，已经着手做准备工作了。

7 服装批发商如何创自主品牌?

有服装梦想的人，在入行前都有一个很理想化的规划。全国各个省份的人，都曾跟我说过，他们做服装生意不是为了开一个店，而是为了以后发展成几个店，为了创办公司经营自主品牌。理想归理想，规划归规划，定位、经营和发展等很多事情，要做起来了才知道是怎么回事。

广州在全国乃至全世界都是规模数一数二的服装集散地。由于广州市场有着得天独厚的内贸和外贸优势，很多人对其充满着好奇，想了解其中的运作及成本，想在广州某个市场或写字楼租下一个档口，然后在服装行业大展身手。

广州服装市场的批发档口，有前店后厂的，有炒货的，有代理的，鱼龙混杂。有的档口，一年几易其主；有的档口，档主一做就是近10年；有的档口，档主从大路货开始做起，用五六年时间做出了颇具规模的品牌服饰。

郑先生属于前店后厂那种类型。他在站西有两个批发档口，面积加起来8平方米左右，年租金3.5万元。他还有一个写字楼，是自有物业，10年的使用期。他的上衣加工工厂有100多人，分设计、制衣、印花3个部门，生产夏季T恤的旺季，分两班倒，一天能出货1万件。裤子类基本上是叫其他工厂包工包料。

他在两个档口的最初投入是25万元，还是做夏装的费用，冬装不止这个数目。租档口时要交的费用为两个月的押金加一个月的租金，备货大概是15万元。另外，还需要几万元的流动资金。

两个档口经营的服装风格不同，一个以潮牌为主，适合青少年，比较个性和前卫，另一个比较成熟、大气，适合上班族和中青年。货品的档次属于中高档，他最初的想法是，只有中高档以上的货品，才能做得长久。

货源方面，郑先生亲自去布厂订布，然后送到工厂加工。除了面料之外，还有很多辅料需要采购，包括吊牌、洗水唛、主唛、纽扣、拉链等，要注意的东西也比较多，如颜色、质量、价格等。

租档口之外，还要租仓库。仓库已经搬了好几次。现在的主仓库面积差不多1000平方米，月租金1.2万元，里面都用四层的铁架摆放衣服，款号、码数、颜色归类。还有一个仓库在档口附近的楼房里，月租金4500元。货品每个码常备库存20件，如果每码剩下5件的时候，就要补单，以保持货源充足，供应稳定。

服装批发市场，一年里就是淡季和旺季的轮回。旺季都是大量生产货，淡季一般是把握好版、色、码来生产，有时甚至宁愿没什么货给客户也不大量生产。所有的压货，等到快转季的时候，全部一次性地清给国外的客户。能回收资金的衣服就是好衣服。

档口起步时，遇到的问题无非就是做什么风格的衣服好、没客户、衣服做出来适不适合市场等。创业开头难，但是广州市场有着全国最大的客源基础，批发在等客上门方面有优势，做起来的机会还是随时都有的。做起来之后，最关键的就是要守得住，要不然，单单是租金，两三个月就可以把生意拖垮。现阶段，每个款式做出来，郑先生都不问客户要还是不要，直接发货，基本上每个款式都能卖，即使客户有退回来的，因为有自己档口这几年积累的客户，也大都能卖。

前几年，服装批发的淡季出现在“五一”后和“十一”后。现在淡季已经提前了，淡季更长，旺季更短，这就要求批发商有更强的开发和生产能力，以及把握市场的能力，需要多途径地开发新客户。广州市场的档口，大部分还坚守着传统的实体批发渠道。也有人到全国各地的批发城去开发客户，这样做比较主动，但费用较高，耗时较长。郑先生也试过网络开发客户，但是他感觉没有档口交易那么直接，从客户的角度考虑，存在着质量问题、交易安全方面的担忧。虽然如此，郑先生还是一直坚持与网络保持接触，2013年开通诚信通，虽然很少有成交的客户，但还是接了两个来写字楼看货的大客户。有人劝郑先生去做淘宝、天猫，但我想角色一定要分清楚，我们是做生产批发的，不能与零售两者兼得。虽然说有人能把这两样结合得很好，但一定不适合大多数人。

在档口把市场做起来，到写字楼去做成品牌，这是数以万计的服装人走过的路。郑先生卖了多年的大路货，他认为走自主品牌的道路是一个长久的运作模式。经营自主品牌也是众多批发商、代理商，甚至连锁经营商以后发展的方向。

2009年下半年，郑先生注册了一个商标。他也想走像“以纯”等众多国内品牌一样的道路，从档口走出来。2009年年底，郑先生在站西租了一个20平方米、月租金为1.5万元的写字楼。

档口的生意以现货现金为主，只适合做一两个风格的货品，要求款式多、上款速度快。虽然档口的客户小，但资金周转快、利润高。为什么档口的客户小呢？

去档口和去写字楼的客户是不一样的，去写字楼的客户，很多是订货的，去档口的客户，都是冲着现货来的。写字楼可以有版没货，订货数量大、价格低。而档口有版没货做不了生意，必须拿出资金做出现货来，风险大。此外，大部分档口控货不严，什么客户都卖，偷版仿版现象很严重，导致下面的客户很难做大。

下面的客户，往往是走区域独家代理、独家经营的路线，才好把量做上来。写字楼的模式，厂商可以较好地控制好版和市场，可以跟客户有良好的环境和充分的时间培养感情。

写字楼现货和接单同时做，可以经营多个牌子，要求有很好的产品开发能力，以及工厂的良好配合。客户选好版了，直接付订金下单，厂商风险小。关于写字楼的模式，有一句话是这么讲的，“半年开一单，一单吃半年”。

很多服装店主有过发展的构想，也舍得投人力物力去做，但是其中不少人因为“此路不通”而停下了前进的步伐。郑先生对自主品牌的发展较为淡定，想到的办法总比问题多，在每一次困难面前都做到了“柳暗花明又一村”。

从档口到写字楼，档次提升了，商业模式也转型了。郑先生认为，做品牌不能一蹴而就，需要积累资金和建立网络。他现在是档口走现货，写字楼走现货、接单加工、自有品牌和国内外接单等，几条腿同时走路。

8

谁说批发一年不如一年？

何杰这两年多的创业经历，很好地诠释了“服装零售商如何走上批发之路”“服装批发商如何创自主品牌”这两个难题。我觉得，在“批发一年不如一年”的论调充斥市场时，何杰的经历给大家带来正能量的意义更大。

对于有10年零售店经历的何杰来说，批发就像一份美味的甜品，很想吃，可是又不知道怎么下口。既然心仪已久，并且下定决心要去做批发，何杰就着手研究这方面的知识，以寻找一个最适合自己的方式。

2012年7月，何杰来到深圳南油服装批发商圈，经过一两个月的找店，终于在103栋找到一家空出来的店铺，位置不太好，不过租金相对低，符合自己谨慎入行的想法。

第一盘货是何杰自己零售店代理品牌的货品，年龄段在30～50岁，属于比较职业、简洁的风格，二线城市和一些品牌商，还有泰国的客人比较喜欢。由于这个品牌在市场上已经有好几家的代理，因此何杰在没有地理位置优势的情况下，只能拼价格、拼服务。好在这家品牌商和何杰合作了很多年，给她的价格比其他代理商有优势。

供应链的问题对新手入行批发是一大考验。何杰凭着零售店的货品资源入行，不过要靠这样做下去只能维持不亏损，赚点零花钱。这并不是何杰想要的结果。她不断行走于南油商圈的各个市场，去看那些生意做得好的档口，看看他们做什么样的货、哪些货是爆款、哪种风格的服装在市场上比较好卖，以期从中寻找出一些市场流行的东西，分析出市场主流客人的需求。做任何事情，只要用心，总可以找到一个突破点。何杰开始了小定单的生产，做一些风格化的、朝爆款方向走的货品。

何杰在刚进入南油商圈的这段时间，非常痛苦。找款式，找面料、辅料，找厂，以及质检等，每一个环节都很烦琐；刚开始定单不大，面料不好定，好多工厂都不愿意合作；由于没有太多服装生产的经验，对面料的缩水率、特性等都不了解，生产出来的衣服尺码变小、掉色，库存也就随之而来，基本上大半年赚的钱都交了学费。

对衣服款式的选择、面料特性及工艺要求知识的了解，还有市场流行趋势的分析，何杰都在一点一滴地积累。她觉得专注与坚持是成功的必要条件，所以在做出做批发的决定之后，她基本上把时间都投到这项事业中，无论吃饭、走路、睡觉，甚至上厕所都想着服装。

何杰的批发业务刚开始是和一个朋友一起做的，朋友负责看店卖货，何杰负责做货。可是三个月后，朋友由于身体健康原因退出了。何杰店铺的管理方也要求成倍涨租金。数不清的大大小小的问题、困难接踵而来，何杰每次都能把自己的心态调整好，把困难当作动力、挑战。

一个偶然的机会，何杰认识了一个日本女孩。这个女孩一直在大牌公司做设计总监，何杰说服她和自己一起做。这样，何杰的产品的设计和版型都有了很大提升，高品质的客户也不断地积累起来。有了得力的伙伴，何杰就开始加大销售力度。2013年10月，她在世纪广场一楼租了个半档，又在海虹商场买下三间店铺，并把老店的隔壁店一起买了过来。扩大店铺的同时也开始做店铺的买卖，以低价买进，再租给别人或者卖给别人。

日本女孩之前有一个老板，是香港人，专门为各大品牌做ODM，他看到何杰与日本女孩的合作，毫不犹豫地提出与何杰合作。他给出的合作条件让何杰无法拒绝，所以他们又新开辟一条线路，就是专门为品牌做ODM和品牌规划。

大家都在说批发生意难做，一年不如一年。对何杰而言，她的业绩却在快速增长。何杰分析了其中的原因：

1. 生意不好的档口，以前由于做得早，什么货都好卖，因此没有考虑现在的市场因素，还是在按以前的方式做。工厂供什么货就卖什么货，市场什么好卖就做什么，只会拼价格，完全没有自己的强项和风格，这样档口的客户一点都不稳定，也没有办法积累客人。

2. 这些生意不好的档口原本就是一些根本不懂服装，或者说专业知识非常少的人在开，入行很容易，做好就难了。他们在版型、面料、做工上都没有严格控制，客户拿货后不翻单，自然生意就差了起来。由于对服装不了解，每一季根本就不知道做什么，没有全盘货的计划，只等别家出来什么好卖就做什么。

3. 近两年，两极分化明显地体现出来。越做越好的商家，主要可以划分为两种类型。

第一种是买手型的设计团队，对市场好卖的款进行分析，做出下一季的设计，低成本低价格高利润。这样做，客户就会比较多，生意也非常好。不过这样的商家有个痛点，就是出来的款式容易被市场仿冒，货出来一段时间就满大街都有。所以，只有不断地更新款式才能站在前面。

第二种是原创设计的店铺。这样的原创品牌，刚开始客户可能比较少，但是坚持下来就会有一批忠实的客户。原创品牌，成本相对比较高，不过可以卖高价，保持高的利润，其他商家仿起来也没有那么容易，因此基本可以做到独家销售。

对于未来的服装批发之路，何杰是这么说的：“源于对服装的热爱，做自己喜欢的事业是我一生唯一的梦想。如何从批发转化为品牌之路也是我这一两年来一直摸索的，所以在做好批发的同时，下一步的计划就是做服装的定制。中国非常缺少真正的定制市场，就这个项目，我即将与一家经营品牌服装二十多年的香港公司合作，为打造国内新型模式的定制公司而努力！”

9 千元地摊如何发展成服装连锁店？

就算我讲再多服装经营成功的故事，仍然会有店主抱怨自己不具备人家这样那样的条件，比如，抱怨店铺所处的位置没有别人的好，自己再怎么折腾也没有用；抱怨压货不能像别人那样，有那么多的途径处理；抱怨货源不能像别人那样，有独特的渠道；等等。

我在中山市听童装厂的麦先生说，中山一家相当有规模的制衣厂的老板，做加工十多年，赚了不少钱。前两年，他自己运营一个高档的女装品牌，可是仅仅做了一年，便以亏损五六百万元的结局收场。

我个人分析认为：第一，高档女装品牌不同于大路货和快速销售休闲类服饰，其知名度和影响力，需要成长积累的时间；第二，投资人有钱，不屑于从小做起，一开始就玩得太大，忽略了企业从小到大的成长积累过程。

做服装生意，投资几千万元，要是做不好，别说一年赚不了几十万元，一年亏几百万元都不出奇；而有些投资二三十万元的小批发店主，一年做出几个爆版，能赚上两三百万元，甚至更多。所以说，服装行业的赚钱门道，关键看投资者、经营者怎么去理解了。

前面提到的那位山东的李大姐，她从2009年4月开始摆地摊，1000元起家，当年9月、10月的纯利润都有10万元，并且在第二年实现了实体店铺的连锁经营。我相信，大家听过她的故事以后，抱怨会少一些。

李大姐跟随老公的工作调动，从江苏来到山东。她老公的本意是自己上班，大姐在家照顾好小孩的学习和生活，但大姐闲不住。她家在一个商业区里，周围很热闹，摆地摊的人很多，看上去生意都不错。于是，大姐跟老公说要摆地摊卖衣服。

大姐5块钱进的T恤，卖10块钱，销量不错。但其他卖衣服的摊位，大部分都是卖T恤的，于是，大姐就进一些裙子搭配来卖，13元的进价，卖19元。利润不是很高，只赚些辛苦钱，但量走上去了，她也因此积累了100多个熟客。

摆过地摊的都知道，制约地摊服装销售的瓶颈是无法试穿，那大姐就卖“守信”。顾客提出试衣服时，大姐一不收押金，二不看身份证，三不留电话，前后让顾客拿回去试穿了数千件衣服，奇迹发生了，一件衣服没丢。当时有顾客问大姐：“你就这么信任我们？”大姐哈哈一笑，说：“衣服你拿回去试，合适就来送钱，不合适就把衣服退给大姐，如你不守信用，那最起码三个月不好意思从大姐面前走过，否则被认出来还不难为情死！大姐虽损失一件衣服，但饭能照吃，觉能照睡，所以损失的不是大姐而是你。”

大姐地摊生意的突破，是因为8月在广东找到了好的货源。她那次来，进了5000元的外贸原单毛衣。回去之后，靠这些货，大姐每天都卖到2000元以上，最高一天卖了5000元。一个月不到，她就补了3万元的货。

外贸原单货，质优价廉，不但给大姐拉来了生意，还给大姐拉来了不少中高端的消费者，她的熟客在短时间内骤增到300人以上。

大姐之前在江苏开店铺，卖过大路货的女装。那时她的起点比现在高多了，投资了近10万元。经营的货品，80元的进价，卖到近200元。这些价位的货品有些尴尬，跟商场专柜一些品牌的折后价相差无几，生意做得很吃力，没几个月就做不下去了，亏了近5万元。

大姐这次摆摊，心态好多了，夏天没有刻意要赚什么钱。到了卖秋装的时候，价格上去了，熟客也有了，用大姐的话，一个月的时间把夏天该赚的钱都给赚回来了。但在8月、9月，她还没有想到过要开店铺搞连锁，一切变化都是那么自然而然。

秋天到了，经常刮大风，这样的天气，户外没办法摆摊。这时，大姐才想到找个店铺。没多久，她就找到一个小区内的铺面。铺面的租金是从10月算到次年年底，共1.5万元。

店铺定在11月8日开张。开张之前，大姐就想到小区店铺的生意只能靠熟客，新客的积累会比较慢。于是，她同时在一个地下商场里预订了4个位置极佳的铺面，并于2010年7月、8月先后开业（每两个店铺打通连在一起，实为两个服装店）。

大姐在10月底到广东来上货，顺便跟我面谈过她的计划。她说以后将会有目的地拓展店铺数量，以发展连锁经营为目标。她这次采购了5万元的货品，准备新店铺开张用。开张之后，每天仍能保持2000元以上的营业额。

目前，大姐的店铺发展到4个。后面这几个店铺的投资，全部来源于大姐当初1000多元摆摊的回报。5年过去了，大姐对自己的创业历程进行了一次梳理和总结。

1．进好货。

（1）为了避免与周边店铺经营的货品雷同，没有竞争力，选择货源地时舍近求远，不在当地批发市场拿货。发现有与同行相同的货品时，就尽快低价处理掉。

（2）货源既不能太集中，也不能太分散，选择武汉、上海、常熟、北京和广东。采取新老供应商结合的方式，每个地方建立一两家帮忙选货发货的供应商。自己出来打货时，考察、开发新的供应商。

（3）拜市场为师，坚持每个月都有一半的时间在市场上找货。通过帮档口卖货，与档口的老板交朋友，了解每个档口货品的特点，每天把新款发回店里，并耐心等待导购员反馈的信息。

2．卖好货。

（1）小店经营坚持多赢原则。利润的分配，房东、店员、店主和顾客各占1/4。店里挣到钱，首先就要想到回馈顾客。实行会员制，对会员9折优惠后再返利3%，对带新顾客来的老会员，再返新顾客消费额的3%。

（2）巧用本地论坛做营销推广。在论坛上发广告帖，往往被删贴、禁言，但是通过互利共赢的原则与论坛合作，效果比常规的软文推广好得多。

曾经发起这样的一次活动，凡是在论坛发帖子的网友，都可以到店里免费领取一副兔毛手套。活动头三天就送出1000副兔毛手套。虽然有很多网友是进门拿了礼品就走，对店里看也不看一眼，但是活动坚持搞了三个月，店铺新增会员上千人。

（3）提供免费的服务。常年对路人提供免费饮水服务，谁逛街都有口渴的时候，店里的饮水机放在门外，配有一次性的水杯，所有路人都可以随意饮用；店里配备各式扣子、拉链头、针线、锤子、起子、钳子、勾子等材料、工具，只要来店里的顾客有需求，不管是不是来买衣服的，都会免费为他们服务。

（4）当顾客提出不合理的过分要求时，设身处地为顾客着想。2013年圣诞节，一个顾客在店里买了两件高档羽绒服，次年2月来要求退货，理由只是春节带回家送人结果没送掉。店里的羽绒服在春节前半个月已卖完了，但还是给顾客全额退款。通过顾客的口碑相传，仅这个店就拥有了8000名会员。

3. 用好的导购员。

（1）能“忽悠”老板的营业员才能“忽悠”顾客。面试和试用的时候，看她们的语言表达有没有感染力，能否给自己一种很舒服的感觉。营业员稍微夸张一点的表达，只要恰到好处，要给予鼓励。

（2）到一线品牌专卖店挖他们优秀的店长。2014年年初顺利把一家品牌的优秀店长挖过来之后，我们的业绩增长很快。3个店的营业额在8月底就达到200万元，接近2013年全年的水平；截至10月底，卖出衣服近3万件。

10

服装大卖场如何逆势而上?

关于服装大卖场，我听到的不外乎是这几种声音：

- 实体零售市场不行了，很多撑不下去了；
- 虽然很多卖场倒下，但认真做还是有得赚，只是没有以前那么好赚；
- 大卖场要提升货品档次和管理档次才有出路；
- ××大卖场这几年生意越做越好，店铺越开越多。

我认为第一种情况最为普遍。

王福顺，浙江台州人，小学文化水平，2008年之前在深圳打工，之后回到浙江创业。他的第一个服装大卖场是别人做倒闭了的，他接手之后，很快就把人气给做起来了。随即，他就开始了连锁发展，并根据场地情况，把业务拓展到百货商场及女装贴牌连锁小店。他的服装卖场和百货商场，大都是接手别人做不下去的地方，自己重新装修开业后，把生意给做起来的。目前，他的大卖场和百货商场有十多家，分布在浙江、安徽、山东等地。服装卖场的营业额，2012年超过1亿元，2013年接近2亿元。

王福顺的服装实体店的成长，归功于三点：选址，定位，培育。选址就是选择经营环境，就如种庄稼选择田地；选定了店铺，接下来就要根据经营环境组合相应的产品，也就是根据田地的土质选择适合的庄稼；店铺装修好，产品上架，开始经营，那就是庄稼种好，用心培育，让它健康成长，才能有收获。

我于2013年9月去湖州市看过王福顺的一个百货商场和两个服装大卖场。其中一个3000平方米的大卖场，位置并不在镇中心。卖场所在商场的门口前，机动车道和人行道加起来不到10米宽，再往前就是一条宽10米左右的小河，由于河岸两边的人行道上种着垂柳，哪怕是几十米近的位置也很难看清商场的整体外观，而服装卖场又在商场的二楼和三楼。卖场之前的经营者因为生意惨淡，不得不选择退出。王福顺刚开始接手的一段时间，生意也是不温不火，2012年的营业额只有五六百万元。到了2014年，王福顺告诉我，这个卖场去年的营业额达到两千多万元。

王福顺是服装商学院32期的学员，他跟商学院的其他学员分享了这个卖场崛起的种种原因。

1. 坚持。虽然店址并不理想，但商场也是处在商业街范围；该镇是工业镇、旅游镇，有人口基础，有消费能力，这都是培育顾客的良好土壤。

2. 基于与供应商多年的合作关系，经常调换货品，退一批换一批，保持商品流通，以及卖场整体新鲜丰满。卖场不能像一潭死水，没生意也要敢于上货。跟开饭店的做法差不多，如果舍不得把剩余的菜处理掉，就会陷入恶性循环。

3. 灯光多，要保持明亮。没生意就不开灯、不开音乐，会感觉死气沉沉。有的商场为省些费用，在没人逛的时间段里甚至不开空调、不开扶手电梯，这种做法不可取。

4. 多搞活动。给顾客多几个知道有这个卖场的机会，以及来卖场逛的理由。

5. 商场的门口没人气，就找些人过来摆摊。有些人连摆摊的钱都没有，就借钱给他摆。摆卖场的同类商品也可以，不怕竞争，这样可以让更多的人知道这里也有卖衣服的。卖小吃、卖饰品、卖水果，只要能让门口活跃起来的都可以。只有聚集人气了，商场才有机会旺起来。

6．做广告。那时，我在公交车上做了广告。还有电视台，我买礼品送到养老院，然后让记者来采访，帮我做免费广告。

7．特价商品一开始没人挑，就先找几个自己人去挑，客人看到了也会跟着挑。

8．经常调动货品。导购员在动，顾客看到了，就会感觉到卖场忙碌的氛围。

9．保持良好的心态。没有生意也不能整天愁眉苦脸的，尤其是在员工面前。免得员工担心老板骂人，不能保持良好的工作状态。个人的心态会影响到个人的运气。

10．有没有生意是另一码事，先把自身的问题调整好。有些老板可能在没有生意的时候会少请几个员工，但我不会。我反而会多请几个员工，其实无形中他们也在为我们做广告。因为他们都有自己的朋友圈，朋友都有机会知道他们在哪里上班。这个镇上有一所银行，行长是我的老乡，他告诉我，他的做法就是让员工去推广。他在这个镇的每个村都招一个员工，那么这个员工是不是会在他的村里拉生意？卖场员工的流动性比银行员工要大得多，那就会有更多的员工的朋友知道我们的卖场。

11．做生意先做人，诚信在先，时间长了，客人自然也就知道了。比如价格，不能随意改动，哪怕是换季打折，亏本就亏本，也不能做投机取巧的事。把顾客当傻瓜玩，最后是自己成为傻子。我在山东的一个卖场，开业以来生意一直不错。店长打电话跟我说，我们的价格比其他卖场低很多，我们把价格提高一些还有优势。我对店长说，不能提价，就这样坚持下去，会赢得更多的顾客。

12．在店里放些镇店之宝。有的衣服好看，价格可能有些高，但是不一定就是为了卖，而是让顾客欣赏，让他们跟朋友聊天时以此作为谈资，这样也是为我们做广告。

11

服装经营者如何探索适合自己的商业模式？

2002年，刘先生的毛织厂倒闭，当时负债20万元。他租了一个单间，一次性交清了一年的租金后，身上仅有800元。凭这点钱，他几个月之内把库存生意做起来了。

我对刘先生头几单生意是怎么做起来的比较感兴趣，于是向他打听。刘先生说："开工厂时认识一些客户，我开始帮他们联系库存货源，赚些辛苦钱。做生意就是做人，靠信用赢得了客户，建立了货源渠道。"

我问刘先生："不少人手头上都有这样的客户，而且这些人有本钱，你没本钱，凭什么你能做起来，别人做不起来？"刘先生说："人无我有，人有我优，人优我特。"

通过进一步的交谈，我理解到他说的这12个字，指的是对自己的定位和对经营的定位。不管服装经营处于何种阶段，他始终把自己的位置摆得比别人低。

经营的初期，刘先生白天外出联系工厂和库存商，找货源，磨嘴皮子跟人家要样板，晚上就跟客户洽谈，并通过网络平台发布信息寻找新的客户；他天天吃方便面，没有一个晚上在凌晨1点以前休息，这样的日子坚持了3个多月，终于做成了第一单生意。这期间，他磨坏了4双鞋。

刘先生每次都如实地跟客户描述货品情况，从不吃差价，只拿中介提成。在有限的提成当中，按承诺支付厂方相关人员信息费。有了第一笔生意后没多久，他攒的辛苦费，就可以吃小批量的货倒卖了。

那几年库存生意好做，一批货倒买倒卖，几天时间就完成了，而且都是现金交易，资金周转快。刘先生的信用好，工厂有时还会多存仓几天等他来提货。因为货源有保障，他的生意一年内就做起来了，并建立起自己的销售平台，有专门的库存管理系统和完善的质检体系。

刘先生戏说当年那段经历，他的起点比不上街头擦皮鞋的人，唯有付出别人数十倍的努力，才能有机会发展，取得成功。他称他的付出和努力为“人无我有”。

由于有过工厂倒闭的惨痛经历，刘先生在生意鼎盛时期，仍然把自己定位在创业初期求生存的状态。有一定规模的一手库存商是不会去跟零售商做生意的，而刘先生却一直在强调，不要小看任何一个客户，大客户我们要重视，现在确实可以给我们带来稳定的生意，但小客户我们也要重视，因为他们决定了我们的生意能否进一步发展。他通过各种服装网站发布信息，吸引了一大批零售商。在2008年金融危机的冲击下，整个库存服装行业的生意大幅度滑坡，绝大多数的库存商生意艰难。刘先生因为有零售商作为基础，不但避过了危机，而且2009年的生意做得比2008年还要好。

大家都是库存商，各有各的生意路子。刘先生比别人提前利用电子商务，提早开发零售商的业务。他在经营上的动作，做到了“人有我优”。

位置比别人低，行动就要比别人快，付出就要比别人多。现在，电子商务为越来越多传统模式的经营者所利用，刘先生便把工作的重点放在了B2C的发展上。厂商做B2C早已不是什么新鲜事。在利用电子商务方面，刘先生虽然每次搭的不是头班车，但仍然属于快班车。刘先生称这一次商业模式的再调整为“人优我特”。

刘先生在守住小额批发、拓展B2C的同时，把库存贸易业务逐步向开发设计、加工贴牌、经营自主品牌转型；从初期的接外贸订单，到把重心转移至国内，同时也一步一步扩大自己的加工厂。

2010年，刘先生开始运作他的品牌“洛薇雅”，自主开发，自主设计，自主生产，自主销售。在销售的模式和渠道上采用网络批发、实体批发、网络代销、网络旗舰店等。在实体渠道，刘先生找一些区域批发商合作；在网络渠道，他自己利用B2B平台的同时，找有实力的网商合作。

利用他人的电子商务平台，有一定的局限性，不能按自己的想法去经营，会流失不少商机；独立的电子商务网站，更有利于积累自己的客户资源，在经营方式上更加灵活主动，在营销上更有针对性和目的性。这些，刘先生都看得到，他公司的电子商务网站也在大力推广之中。

在快鱼吃慢鱼的年代，刘先生从接触服装行业的那一天开始，在商业模式的更新上，始终不曾停止。他从教育行业跨界到服装生产领域，从最初的毛衣缝盘、织机加工到阿里巴巴批发，再到外贸业务的拓展，其间经营过外贸库存生意，继而顺势而为专注给淘品牌做贴牌加工，到现在集中经营自己的网络品牌和淘品牌贴牌加工这两块业务，每年都在做调整和优化。他总是在市场变化中探索、寻找到最适合自己的商业模式。

“人无我有，人有我优，人优我特”也是李先生的成功法宝，他根据服装市场的不同时期，及时调整定位，使自己的经营始终快人一步。

做舞蹈服加工和贸易的李先生，算是白手起家，他十几年前创业时，仅有几百块钱。那时候，成都市场还没有舞蹈服。

李先生当时分析，商品的市场空白存在两种可能，一是没有市场，所以一直空着；二是有市场，只是别人看不到，或者看到了，但没有勇气做第一个吃螃蟹的人。

李先生认准舞蹈服一定有市场，于是找厂家联系做代理。厂家为了打开市场，对李先生大力扶持，并把第一批货铺给了他。

李先生把市场做起来了，自然少不了有人跟风。跟风的人多了，想赚钱就难。于是李先生放弃中低档货品的代理，同时选择两条转型的路线，代理高档货品，以及自己生产中低档货品。

目前李先生拥有1个加工厂、3个实体店，他的自主品牌在四川小有名气。

自主品牌、电子商务、直销直营等商业模式，从2009年到现在，一直迅猛发展，必然会对大路货的批发零售和品牌通过加盟商入驻商场等传统模式，造成持续的冲击。大家都在反思现行的商业模式，也在寻找、接受和采用新的商业模式。

市场的变革，势必促使更多的服装经营者，与卖孕婴童用品的苏先生、卖库存的刘先生、卖舞蹈服的李先生、sevendoor的余银英、南油商圈的何杰等人一起赛跑，共同推动服装行业的进步。

这些行话你要懂

版和版型：版只是一个样子，即一个款式，由设计师设计出来；打版师把设计变为现实，具体的尺寸由他来掌握，打版出来的效果就是版型。

版和款式：一般行内人士称为“版”，行外人士称为“款式”。版只是服装的样子，主要指设计上和面辅料使用上的不同，而款式除了设计和面辅料元素外，对花色、颜色的表达也更为明确。

爆版：指比较好卖的、畅销的版。

补货与补单：补货是指换季上新货之后的后续进货，包括补好销的旧版货和上新版货；补单一般是一批跟工厂下单做好销的旧版货。

炒货：经销不是自己生产，或不是自己下单生产的货品，叫炒货。

窜货：是指没有控货的炒货。

吊牌：挂在衣服上面的纸牌或铁皮牌子，内容有企业以及品牌、服装的信息，如品牌的注册号、合格证、价格、条形码、品质承诺及退换条件等，有的还有形象代言人。

吊牌价：吊牌上面的价格，有的是出厂就有，有的是经销商贴上去的。

仿版：俗称“抄版”。就是拿别人卖的款式，自己下单生产出来销售。

仿牌：盗用或模仿别人的商标。按其货品与原品牌接近的程度，一般分为精仿、高仿、中仿和低仿，与之相对应的说法是，超A货、A货、B货、C货等。

混批：不同版、不同颜色、不同码数的货混合在一起批发进货。

控货：是指控制货品的市场流向，防止某个区域内出现两个以上经销商，避免相互压价等恶性竞争。

扣点：主要是指商场对专柜营业额提成的百分比。

库存货：压在仓库里面的货，有可能是尾货，也有可能是整批的货因各种原因没有正常出货。

跨季换货：跨季度换货，比如拿春夏季卖不掉的货跟上家换秋冬季的新货，拿秋冬季卖不掉的货跟上家换春夏季的新货。

唛：也叫“唛头”，有主唛、码唛、袖唛、洗水唛之分。主唛一般缝在后领中间，也有贴的，有衣服的中文名、字母或logo；码唛有的跟主唛合二为一，有的缝在主唛旁边，有的缝在衣服腰部位置；袖唛，顾名思义，就是缝在袖口旁边，内容跟主唛一样；洗水唛一般缝在腰部，厂家用来标注服装的款式货号、面辅料成分、规格尺寸以及执行标准、安全类别、洗涤标准等。

齐色齐码：一般服装每个版会做两个色、两个码以上，采购是一个版拿完所有的色和码叫齐色齐码。

散货：也可以说是大路货。更精确一些，相对于品牌专卖而言，散货还可以包括组合经营的品牌，而且所经营的品牌并非一定是加盟性质的。

贴牌：制衣厂生产衣服，贴上别人的品牌，叫贴牌；很多大路货没有唛和吊牌，经销商自己拿唛和吊牌放上去，也叫贴牌；经销商把衣服上别的唛和吊牌去掉，换上自己的，也叫贴牌。

大路货：主要是指中低档的、不走加盟而走批发路线的服装产品。大部分大路货都没有注册商标。

档口：精确一点是指一个个间隔开来的摊位、柜台。但在广东这边，一间间的店铺也有很多人习惯称之为档口。

外贸货：特指在国内非正常渠道销售的外国服装，而非指走正常渠道的外贸服装。

外贸服装原单货：就是工厂生产的外贸服装的正品及其尾货。

外贸服装跟单货：工厂擅自跟着外贸服装原单货做出来的货品。有的跟单货在面辅料和做工方面与原单货完全一致。

尾货：卖剩的货和工厂出货剩下的货，统称尾货。下架货也是尾货的一种。外贸尾货严格来说分A、B、C品。A品是贸易公司计划内下单的，为防止不合格品出现，会多下单百分之几，所以A品数量是非常少的，工厂一般会高价出给有合作关系的尾货商；B品就是QC质检时检出来的不合格品，一般有很小的瑕疵，如有污渍、走线不直、纽扣订得不整齐、袖口尺寸稍微超出范围等，但基本不影响穿着；C品就是瑕疵很明显的，如破损、抽纱、用料错误等。当然还有很多整单的原单，产生的原因如没及时交货、贸易商恶意不提货等。

下架货：就是从货架上撤下来，另外处理的货品。

一批：一级批发商。具体是指自己生产或自己下单生产，或总代理之类的批发商。

二批：从一级批发商处炒货回来转手批发出去的商人。

一手（货）：指一个版（色）的码数都各拿一件货品。两手（货）就是指一个版（色）的码数都各拿两件货品，以此类推。

杂款：一批货有很多种款式，且色不齐、码不齐。

撞款：即大家卖一样的货。撞款经常会因为彼此价格不一，造成价高者顾客的流失，极容易引起相互间压价的恶性竞争。

拼货：就是通过论坛、QQ群、网站等，组织各地的零售店主、网店店主到批发市场一起拿货，增加进货量，从而得到价格上的优惠。